湖南省哲学社会科学基金项目（16YBA142）成果
湖南省教育科学研究院首批教育学博士后成果文库

# 新型职业农民
## 精准培养论

XINXING ZHIYE NONGMIN JINGZHUN PEIYANGLUN

吴易雄 ◎ 著

中南大学出版社
www.csupress.com.cn
·长沙·

# 作者介绍

吴易雄，男，汉族，1976
年12月生，湖南新化人，农
学学士，农学硕士，管理学博
士，经济学博士后，教育学博
士后，2002年9月开始先后
在湖南省农业厅、中共湖南
省武冈市委、中共湖南省武
冈市湾头桥镇党委、中共湖南省武冈市泻油村党支部、湖南生物机
电职业技术学院、湖南广播电视大学、湖南工商大学、湖南师范大
学任职，现任山西农业大学公共管理学院院长、教授、博士生导师、
博士后合作导师，长期从事农业农村发展研究。

主持国家社会科学基金重点项目、国家社会科学基金一般项
目、教育部教育"十四五"规划研究课题、中央农办 农业农村部乡
村振兴专家咨询委员会软科学课题、中国博士后科学基金特别资助
项目等科研项目，产生系列理论与实践成果。智库报告被教育部、
湖南省自然资源厅等采纳，被《党建参阅》《山西内参》《决策参
考·湖南智库成果专报》等刊发，得到党和国家领导人、省部级领
导人批示。

手机：13975813946，邮箱：1203440189@qq.com。

# 内容简介

　　本书的基本框架由六章构成：第一章是导论，阐述新型职业农民培养课题研究的基本背景；第二章是新型职业农民培养概述，重点介绍新型职业农民相关核心概念，新型职业农民概念的发展，新型职业农民的基本标准、主要特征、基本分类、培养能力、培养对象、培养内容、培养方式、培养方法、培养路径；第三章是新型职业农民培养政策，重点论述新型职业农民培养政策的措施和效果，指出并完善新型职业农民培养政策问题；第四章是新型职业农民培养体系，包括认定管理、教育培训、专项扶持、跟踪服务、绩效评价；第五章是新型职业农民培养模式，重点总结湖南省新型职业农民培养的 4 种典型模式；第六章是新型职业农民培养案例，主要选取湖南省的 15 个新型职业农民培养成功案例。

　　本书的创新之处体现在三个方面：一是体例创新。本书区别于以往新型职业农民培养纯学术著作和纯知识读本的做法，采用新的体例进行研究安排，即首先让广大农民和基层工作者了解新型职业农民及其培养的基本常识，再按照新型职业农民培养政策、体系、模式和案例依次编排，体现研究体例的完整性。二是内容创新。本书自始至终以广大农民和基层工作者的需求为出发点和落脚点，坚持内容全面、通俗易懂的原则，使用学术性和通俗性语言进行陈述，旨在深入浅出地阐述新型职业农民培养的各项内容，体现研究内容的可读性。三是方法创新。本书以总结法介绍湖南省新型职业农民培养模式，以案例法展示湖南省新型职业农民培养的典型事迹，让广大农民和基层工作者身临其境，学以致用，体现研究方法的实用性。

# 序
FOREWORD

　　改革开放以来，农村劳动力纷纷进城务工或转岗就业，农户"兼业化"、村庄"空心化"、人口"老龄化"日趋显现，田地"谁来耕"、粮食"谁来种"、畜禽"谁来养"成为制约农村发展的重大问题，因而引起中央和社会的广泛关注。面对这些问题，党中央、国务院审时度势、英明决策，2004年以来中央一号文件连续聚焦"三农"问题，尤其在2012年中央一号文件中首次提出"大力培育新型职业农民"，在2018年中央一号文件中再次提出"大力培养新型职业农民"。这充分表明新型职业农民在乡村振兴战略实施和农业农村现代化推进中具有特殊的重要作用。政界和学界积极响应党中央、国务院的决策部署，大力开展新型职业农民研究和实践工作，以致这些重要问题得到了有效缓解。

　　如何做好一名科技工作者，习近平总书记强调，广大科技工作者要把论文写在祖国的大地上，把科技成果应用在实现现代化的伟大事业中，并提出"要就地培养更多爱农业、懂技术、善经营的新型职业农民"。吴易雄教授一直牢记并践行习近平总书记的重要论述精神,特别注重将问卷调查与实地访谈相结合、将理论研究与实践运用相结合,始终将新型职业农民发展作为协同创新研究的领域,不断产出系列理论与实践成果。

作为本书《新型职业农民精准培养论》的第一位读者,我认为本书就是吴易雄教授系列成果中的一部精品力作,至少具有三个方面的特色和创新:一是可靠性。本书基于湖南省的深度实地调研,与新型职业农民深入访谈和交流,全面掌握了一手资料和数据,具有很强的说服力。二是系统性。本书突出"精准"二字,将广大农民和基层工作者关注的新型职业农民培养政策、体系、模式和案例等有机地串联起来,形成了一个完整的独特体例。三是实用性。本书既有理论阐述,又有模式和案例总结及分析,既适合理论工作者参考,又适合广大农民和基层工作者参照,具有重要的指导价值。

据我所知,有关新型职业农民的著述颇丰,但有实际应用价值的著述甚少,而本书则是我国一部难得的两者兼有的写在祖国大地上的杰作。我完全相信,本书的出版,必将为政府部门的相关决策和研究、关注新型职业农民培养的有关人员提供参考,必将推动我国新型职业农民高质量发展。

当然,新型职业农民发展涉及方方面面,一部著作难以解决所有问题,我希望吴易雄教授继续深入调查和研究,推出更多高水平的中国农民问题研究成果。

赵雄辉[①]

2020 年 9 月 5 日

---

# 前 言

PREFACE

    进入 21 世纪以来，随着城镇化、工业化的推进，大量农村劳动力进城务工，农村"空心化""兼业化""老龄化""荒漠化"现象日益严重，耕地"谁来种"、畜禽"谁来养"、乡村"谁来兴"等问题日益凸显，农业农村现代化受到严重冲击。中央和地方高度重视农村人力资源开发与管理，2012 年以来，全国上下都掀起了新型职业农民培养的大潮，新型职业农民培养成效十分显著，习近平总书记提出的"爱农业、懂技术、善经营的新型职业农民"正在中国大地蓬勃发展。

    古往今来，我国是农业大国，农民基数大，文化程度低。提升农民自身生产、经营和管理水平和能力、将其培养成新型职业农民的任务十分艰巨。调研发现，广大农民和基层工作者亟需一部贴近"三农"实际的新型职业农民培养领域著作。《新型职业农民精准培养论》正是为广大农民和基层工作者送出的"精神食粮"。

　　本书坚持理论与实践相结合，采取通俗易懂的手法，以实际、实用、可读为出发点和落脚点，言简意赅地按照新型职业农民培养概述、新型职业农民培养政策、新型职业农民培养体系、新型职业农民培养模式、新型职业农民培养案例的逻辑结构而成一体，力求让广大农民和基层工作者看得懂、学得会、用得上，着力培养造就大批新型职业农民，以期为党的十九大提出的"实施乡村振兴战略"的实现提供人才支撑和智力支持。

吴易雄

2020 年 10 月 30 日

# 目 录

CONTENTS

1

3

第一章

导论

随着社会工业化、城镇化的推进，大量农民进城务工或经商，农村"空心化""荒漠化"现象日益严重，国家粮食安全受到严重冲击，重要农产品供给难以满足市场需求，由此催生了新型职业农民这一新事物。如何培养新型职业农民，如何让新型职业农民队伍发展壮大，如何解决农村人才问题，是学界和政界共同关注的话题，亟待学界和政界协同研究解决。

## 一、选题意义和应用价值

### (一)选题意义

2012 年以来，各级农业农村部门立足乡村产业发展需要和农民实际需求，积极推进新型职业农民培养工作。据农业农村部科技教育司《2017 年全国新型职业农民发展报告》显示，截至 2016 年底，全国共有新型职业农民 14013184 人[①]，成为农业农村经济发展和乡村人才振兴的亮点。一大批新型职业农民加速涌现，规模初显，解决"谁来种地""怎样种好地"的问题有了更有力的人才支撑。然而，关于新型职业农民培养的政策、方式、方法、体系、模式等并未为广大农民和基层工作者所熟知，在一定程度上阻碍了新型职业农民培养工作进展，制约了新型职业农民队伍发展壮大。本书从这些现实问题出发，研究如何解决当前和今后一段时期的新型职业农民培养问题，对我国农业农村现代化的发展有着十分重要的现实意义：一是满足广大农民和基层工作者了解新型职业农民培养工作的迫切需要；二是对习近平总书记"九字（爱农业、懂技术、善经营）定义新型职业农民"重要精神的具体落实；三是破解"谁来种地"难题的现实选择，是推进农业供给侧结构性改革的重要抓手。

---

[①] 农业农村部科技教育司，中央农业广播电视学校. 2017 年全国新型职业农民发展报告[M].北京：中国农业出版社，2018.

## (二) 应用价值

可以预计,本书对弘扬乡村农耕文化精神、传播三农知识、提升农民素养、服务农民群众、建设美丽乡村具有十分重要的价值。据《2017 年全国新型职业农民发展报告》显示,2016 年末全国有新型职业农民 14013184 人,占全国农村实用人才总量的 75.67%,其中,男性占 76.26%,女性占 23.74%;35 岁以下占 16.75%,36~40 岁占 16.24%,41~45 岁占 21.36%,46~50 岁占 20.85%,51~54 岁占 13.04%,55 岁以上占 11.76%;大专以上文化程度占 5.47%,高中(含中专)文化程度占 24.87%,初中以下文化程度占 69.67%[①]。这些数据表明,我国新型职业农民总量较少、年龄较老、文化较低。因此,加快对广大农民和基层工作者普及新型职业农民培养知识十分必要而且非常迫切。培养新型职业农民不仅有利于落实中央和地方关于新型职业农民培养的重要精神,而且有利于提升新型职业农民自身素养,更好地带动广大农民投身于"乡村振兴战略"的实施中,自觉做好"三农"服务的"排头兵",为推动农业强、农村美、农民富做出积极贡献。

---

① 农业农村部科技教育司,中央农业广播电视学校.2017 年全国新型职业农民发展报告[M].北京:中国农业出版社,2018.

## 二、研究现状和创新之处

### （一）研究现状

目前关于新型职业农民的相关著述主要分为两个大类：一是纯学术著作。如彭飞龙等主编的《新型职业农民素养标准与培养机制》、罗昆等著的《新型职业农民创业理论与实务》等专门针对新型职业农民发展中的重要理论问题或现实问题开展学术研究的著作，或为实际工作部门提供决策参考，或为理论工作部门提供学术参考。二是纯知识读本。如姚元福等主编的《新型职业农民综合能力与素质提升读本》、徐仙娥主编的《新型职业农民教育读本》等专门针对新型职业农民培养编写的农业技术教材，从现代农业、新型农业经营体系、农产品质量安全与营销、美丽乡村建设、农业政策与法规等方面向新型职业农民传授科学知识。据此可以看出，我国尚未出版完全针对新型职业农民精准培养的理论与实践紧密结合的著作。

### （二）创新之处

本书的创新之处体现在三个方面：一是体例创新。本书区别于以往新型职业农民培养的纯学术著作和纯知识读本，采用新的体例进行研究安排，即首先让广大农民和基层工作者了解新型职业农民及其培养的基本常识，再按照新型职业农民培养政策、体系、模式和案例依次编排，体现研究体例的完整性。二是内容创新。本书自始至终以广大农民和基层工作者的需求为出发点和落脚点，坚持内容全面、通俗易懂的原则，使用学术性和通俗性语言进行陈述，旨在深入浅出地阐述新型职业农民培养的各项内容，体现研究内容的可读性。三是方法创新。本书以总结法介绍湖南省新型职业农民培养模式，以案例法展示湖南省新型职业农民培养的典型事迹，让广大农民和基层工作者身临其境，学以致用，体现研究方法的实用性。

## 三、基本思路和基本框架

### (一) 基本思路

本书的研究思路分四个层次进行：首先是全面了解目前国内外新型职业农民培养相关著作的出版情况，寻求本书的研究创新之处；其次是针对本书的主要读者对象深入整理已有研究成果；再次是参阅国内外相关的文献资料，深入基层广泛开展调研，掌握广大农民和基层工作者的需求；最后是按照体例要求深入研究。

### (二) 基本框架

本书的基本框架由六章构成：第一章是导论，阐述新型职业农民培养课题研究的基本背景；第二章是新型职业农民培养概述，重点介绍新型职业农民相关核心概念，新型职业农民概念的发展，新型职业农民的基本标准、主要特征、基本分类、培养能力、培养对象、培养内容、培养方式、培养方法、培养路径；第三章是新型职业农民培养政策，重点论述新型职业农民培养政策的措施和效果，指出并完善新型职业农民培养政策问题；第四章是新型职业农民培养体系，包括认定管理、教育培训、专项扶持、跟踪服务、绩效评价；第五章是新型职业农民培养模式，重点总结湖南省新型职业农民培养的 4 种典型模式；第六章是新型职业农民培养案例，主要选取湖南省的 15 个新型职业农民培养成功案例。

## 四、读者对象和研究方法

### （一）读者对象

本书的主要读者对象为广大农民和基层工作者，包括新型职业农民、新型农业经营主体、农业技术推广的各行业人才、基层农技推广人员、乡村干部、新型职业农民培养管理部门干部和新型职业农民培养机构工作人员，以及对新型职业农民培养感兴趣的有识之士。

### （二）研究方法

本书的研究方法主要有文献法、总结法、调查法三种。

①文献法。通过各种途径广泛查阅文献，全面研读，把握国内外新型职业农民培养相关著作的基本情况。

②总结法。既对著者已有的新型职业农民培养研究成果进行全面梳理和系统归类，又对各地的新型职业农民培养典型模式和成功案例进行广泛挖掘和深入分析。

③调查法。深入广大农民和基层工作者中开展深度调查和实地访谈，真实了解读者学习的要求和内容，坚持读者"需要什么，研究什么"原则，完成调查过程，取得调查成果。

## 五、主要形式和重要观点

### (一) 主要形式

为真正让本书成为广大农民和基层工作者爱不释手的"精神食粮"，采用首先了解全貌，然后了解具体内容，最后介绍典型，通篇采取说明式、解读式、交叉式的呈现形式，让读者看得懂、学得会、用得全。

### (二) 重要观点

第一，新型职业农民培养机构不仅要向新型职业农民传授农业科学技术知识，更重要的是要培养其知晓国家花大力气开展新型职业农民培养的重大意义，以及国家、省市县出台的新型职业农民培养政策，引导农民转变身份、更新观念，使其爱农业、懂技术、善经营，成为现代农业发展的引领者。

第二，我国各地目前开展的新型职业农民培养都是在国家农业农村部顶层设计的基础上不断地去探索、去总结，亟待学界去深入挖掘、总结和推广新型职业农民培养典型的模式和成功的案例，这是加快新型职业农民培养步伐的重要手段，也是开拓新型职业农民创业之路的有效方式。

第三，撰写一部理论与实践紧密结合的新型职业农民培养著作是落实中央和地方新型职业农民培养政策的重大举措，是送给广大农民和基层工作者的"及时雨"，能够让其对国家实施的新型职业农民培育工程有一个更新、更深的认识，有利于提升其人文科学素养，为党的十九大提出的"实施乡村振兴战略"提供人才支撑和智力支持。

第二章

# 新型职业农民培养概述

尽管我国新型职业农民的培养起步晚，但发展速度较快，学界和政界都在不断探索，对新型职业农民在概念界定、发展历程、基本标准、培养要素等方面都有较清晰的总结，为进一步研究提供了学理支撑。①

---

① 　吴易雄.城镇化进程中"五位一体"的新型职业农民培养体系构建与实践[M].长沙：中南大学出版社，2017.

# 一、四类农民的核心概念区分

纵观我国历史，我国农民类型的变迁经历了从传统农民到职业农民，从职业农民到新型农民，从新型农民到新型职业农民的发展过程。在这个变迁过程中，有必要清晰阐述这些概念及其产生的时代背景和根源（表2-1）。

表2-1　传统农民、新型农民、职业农民、新型职业农民的区分

| 农民类型 | 身份属性 | 职业流动性 | 整体素质 | 生产目标 | 经营方式 |
|---|---|---|---|---|---|
| 传统农民 | 职业与身份统一 | 差，一般靠继承获得，相对封闭 | 较低 | 维持家庭基本生产和生活需要 | 小而全，小生产，小交易 |
| 职业农民 | 职业不受身份影响 | 强，自愿选择，符合一定条件即可自由加入和退出 | 较高 | 获取社会平均劳动收益 | 专业化，精细化，产业化 |

续表2-1

| 农民类型 | 身份属性 | 职业流动性 | 整体素质 | 生产目标 | 经营方式 |
|---|---|---|---|---|---|
| 新型农民 | 兼具农业和商业 | 较强 | 农业专业化生产、产业化经营，适应市场经济的高素质的劳动者和带头人 | 追求自由幸福生活 | 高度专业化、商品化，农工商一体化 |
| 新型职业农民 | 具有稳定性，当作一种职业 | 非常强 | 具有高度社会责任感和现代观念 | 市场主体，追求利润最大化 | 具备基本农业技术知识，懂得经营 |

来源：根据文献资料整理。

## （一）传统农民

传统农民是一类具有社会学意义上的身份或者具有社会等级性，以维持生计作为农业生产目标，被动的小生产者或自产自销的农民。它是与城市市民相对的群体。孟德拉斯在《农民的终结》一书中提出，随着城市化和工业化进程的推进，传统的农民将不复存在，但这种终结并不意味着农村及农民的消失，而是指传统的"小农"逐渐演变为"农业生产者"。

## （二）职业农民

职业农民是经济学意义上的理性人。这类群体倾向于充分利用市场机制和规则，将农业生产作为产业来经营，并追求报酬的最大化。2005 年，农业部在《关于实施农村实用人才培养"百万中专生计划"的意见》（农人发〔2005〕11 号）中，首次将"农村劳动力中具有初中（或相当于初中）及以上文化程度，从事农业生产、经营、服务，以及农村经济社会发展等领域的职业农民"作为农村实用人才培养"百万中专生计划"的培养对象。2006 年，农业部加大了职业农民培养力度，在全国范围内培养 10 万名职业农民。此后，全国逐渐形成了一种培养职业农民的良好氛围。

## （三）新型农民

新型农民是一类有文化、懂技术、会经营，有目标、有组织、有道德、有知识的农民群体。从经济学角度看，新型农民就是涵盖所有从事现代农业的农民。2007 年，《中共中央 国务院关于积极发展现代农业扎实推进社会主义新农村建设的若干意见》（中发〔2007〕1 号），首次提出培养"有文化、懂技术、会经营"的新型农民，并写入了党的十七大报告。2011 年，教育部、财政部、农业部、发改委等九部委《关于加快发展面向农村的职业教育的意见》（教职成〔2011〕13 号）明确提出"坚持三教统筹、农科教结合，努力培养新型农民"。

## （四）新型职业农民

新型职业农民是职业农民与新型农民的完美结合。这类群体的农业生产有一定的规模化、专业化程度，以商品生产为目的，是市场中生产和经营的主体，是以农业生产为致富主业和长久产业的职业者，是从事现代农业生产并进行适度规模经营的"农业生产者"。与职业农民概念相比，新型职业农民概念突出了"新型"二字，其意在于突出职业农民面临的社会新环境，更加强调职业农民对现代农业生产方式的适应和对新型农业经营主体的支持作用；与新型农民概念相比，新型职业农民概念突出"职业"二字，意在强调回归农民的职业属性，去除农民的"身份外衣"，赋予新型职业农民与市民同等的社会地位、社会保障等。尤为可贵的是，中共中央、国务院高度重视我国新型职业农民的发展，从 2012 年开始连续出台重磅文件指向培养"新型职业农民"。

2012 年，《中共中央 国务院关于加快推进农业科技创新持续增强农产品供给保障能力的若干意见》（中发〔2012〕1 号）首次提出"以提高科技素质、职业技能、经营能力为核心，大规模开展农村实用人才培训。充分发挥各部门各行业作用，加大各类农村人才培养计划实施力度，扩大培训规模，提高补助标准。加快培养村干部、农民专业合作社负责人、到村任职大学生等农村发展带头人，农民植保员、防疫员、水利员、信息员、沼气工等农村技能服务型人才，种养大户、农机大户、经纪人等农村生产经营型人才。大力培育新型职业农民，对未升学的农村高初中毕业生免费提供农业技能培训，对符合条件的农村青年务农创业和农民工返乡创业项目给予补助和贷款支持"。这意味着我国的农民将实现重大转变，由身份向职业转变、由兼业向专业转变、由传统生产方式向现代生产经营方式转变。

　　2013 年，党的十八届三中全会进一步强调"农业现代化的关键是农民的现代化，关键在于培养数以亿计的新型农民、数以千万计的新型职业农民"；《中共中央 国务院关于加快发展现代农业进一步增强农村发展活力的若干意见》(中发〔2013〕1 号) 提出"创造良好的政策和法律环境，采取奖励补助等多种办法，扶持联户经营、专业大户、家庭农场。大力培养新型农民和农村实用人才，着力加强农业职业教育和职业培训。充分利用各类培训资源，加大专业大户、家庭农场经营者培训力度，提高他们的生产技能和经营管理水平"。

　　2014 年，《中共中央 国务院关于全面深化农村改革加快推进农业现代化的若干意见》(中发〔2014〕1 号) 提出"加大对新型职业农民和新型农业经营主体领办人的教育培训力度"；《教育部办公厅 农业部办公厅关于印发〈中等职业学校新型职业农民培养方案试行〉的通知》(教职成厅〔2014〕1 号) 提出"加快建立农民职业教育制度，大力培养新型职业农民"；中央经济工作会议再一次强调"加快转变农业发展方式要完善职业培训政策，提高培训质量，造就一支适应现代农业发展的高素质职业农民队伍"。

　　2015 年，《中共中央 国务院关于加大改革创新力度加快农业现代化建设的若干意见》(中发〔2015〕1 号) 提出"积极发展农业职业教育，大力培养新型职业农民"；党的十八届五中全会通过的《中共中央关于制定国民经济和社会发展第十三个五年规划的建议》指出"稳定农村土地承包关系，完善土地所有权、承包权、经营权分置办法，依法推进土地经营权有序流转，构建培养新型农业经营主体的政策体系。培养新型职业农民。深化农村土地制度改革"。

2016 年,《中共中央 国务院关于落实发展新理念加快农业现代化实现全面小康目标的若干意见》(中发〔2016〕1 号)提出"加快培养新型职业农民,将职业农民培养纳入国家教育培训发展规划,把职业农民培养成建设现代农业的主导力量,引导有志投身现代农业建设的农村青年、返乡农民工、农技推广人员、农村大中专毕业生和退役军人等加入职业农民队伍"。

2017 年,《中共中央 国务院关于深入推进农业供给侧结构性改革加快培养农业农村发展新动能的若干意见》(中发〔2017〕1 号)首次将"新型职业农民培养"置于"开发农村人力资源"中,提出"重点围绕新型职业农民培养、农民工职业技能提升,整合各渠道培训资金资源,建立政府主导、部门协作、统筹安排、产业带动的培训机制"。

2018 年,《中共中央 国务院关于实施乡村振兴战略的意见》(中发〔2018〕1 号)指出"农民适应生产力发展和市场竞争的能力不足,新型职业农民队伍建设亟需加强",提出"大力培育新型职业农民;全面建立职业农民制度,完善配套政策体系;实施新型职业农民培育工程;支持新型职业农民通过弹性学制参加中高等农业职业教育;创新培训机制,支持农民专业合作社、专业技术协会、龙头企业等主体承担培训;引导符合条件的新型职业农民参加城镇职工养老、医疗等社会保障制度;鼓励各地开展职业农民职称评定试点"。

2019 年,《中共中央 国务院关于坚持农业农村优先发展做好"三农"工作的若干意见》(中发〔2019〕1 号)将"实施新型职业农民培育工程"置于"培养懂农业、爱农村、爱农民的'三农'工作队伍"中。

综上所述，2012—2019 年的中央一号文件连续聚焦"新型职业农民"，这些政策文件具有打基础、管长远、含金量高的显著特点，将新型职业农民培养提高到国家战略高度，体现了中共中央、国务院的重视程度，同时为我国加快培养新型职业农民提供了强有力的政策依据和政策保障。

## 二、新型职业农民概念的发展

在国外，新型职业农民出现于 20 世纪 90 年代初。在国内，新型职业农民则是一个新事物，最早出现在 21 世纪初期，其发展历程在不断延伸，发展内涵在不断深化。

2005 年 11 月 10 日，农业部首次从部级层面在《关于实施农村实用人才培养"百万中专生计划"的意见》（农人发〔2005〕11号）中提出"'百万中专生计划'是指用 10 年时间，为农村培养100 万名具有中专学历的从事种植、养殖、加工等生产活动的人才以及农村经营管理能人、能工巧匠、乡村科技人员等实用型人才，增强他们带头致富和带领农民群众共同致富的能力，使他们成为建设社会主义新农村的带头人和发展现代农业的骨干力量。农村实用人才培养'百万中专生计划'的培养对象是农村劳动力中具有初中（或相当于初中）及以上文化程度，从事农业生产、经营、服务，以及农村经济社会发展等领域的职业农民。重点培养村组干部、专业农户、农民合作经济组织骨干、农村经纪人、远程教育接收站点管理员、复转军人以及农村应届初高中毕业生等"。这个概念是从农民中等职业教育的角度提出的,界定了作为农村实用人才培养的职业农民的对象、文化程度、农业从业领域。

2006年2月9日,农业部发布消息称,2006年将为农民办15件实事,其中最重要的一件实事是计划招收10万名具有初中以上文化程度,从事农业生产、经营、服务等领域的职业农民,把他们培养成有文化、懂技术、会经营的农村实用人才。这是进一步贯彻落实2005年《关于实施农村实用人才培养"百万中专生计划"的意见》(农人发〔2005〕11号)的具体举措,加大了职业农民的培养力度,体现出了职业农民在农业生产、经营和服务等领域的重要作用。

2006年2月21日,《中共中央 国务院关于推进社会主义新农村建设的若干意见》(中发〔2006〕1号)提出"提高农民整体素质,培养造就有文化、懂技术、会经营的新型农民,是建设社会主义新农村的迫切需要。继续支持新型农民科技培训,提高农民务农技能,促进科学种田。扩大农村劳动力转移培训阳光工程实施规模,提高补助标准,增强农民转产转岗就业的能力。加快建立政府扶助、面向市场、多元办学的培训机制。各级财政要将农村劳动力培训经费纳入预算,不断增加投入。整合农村各种教育资源,发展农村职业教育和成人教育"。

6年后的2012年2月2日,《中共中央 国务院关于加快推进农业科技创新持续增强农产品供给保障能力的若干意见》(中发〔2012〕1号)提出"以提高科技素质、职业技能、经营能力为核心,大规模开展农村实用人才培训。充分发挥各部门各行业作用,加大各类农村人才培养计划实施力度,扩大培训规模,提高补助标准。加快培养村干部、农民专业合作社负责人、到村任职大学生等农村发展带头人，农民植保员、防疫员、水利员、信息员、沼气工等农村技能服务型人才，种养大户、农机大户、经纪人等农村生产经营型人才。大力培育新型职业农民，对未升学的农村高初中毕业生免费提供农业技能培训，对符合条件的农村青年务农创业和农民工返乡创业项目给予补助和贷款支持"。至此，"大力培育新型职业农民"首次出现在中共中央和国务院联合文件里，将其上升到国家战略层面作为"大力培训农村实用人才"的重要抓手。

2014 年 1 月 19 日，《中共中央　国务院关于全面深化农村改革加快推进农业现代化的若干意见》（中发〔2014〕1 号）提出"鼓励发展专业合作、股份合作等多种形式的农民合作社，引导规范运行，着力加强能力建设。按照自愿原则开展家庭农场登记。鼓励发展混合所有制农业产业化龙头企业，推动集群发展，密切与农户、农民合作社的利益联结关系。加大对新型职业农民和新型农业经营主体领办人的教育培训力度。落实和完善相关税收优惠政策，支持农民合作社发展农产品加工流通"。可见，中共中央、国务院将"加大对新型职业农民的教育培训力度"作为"扶持发展新型农业经营主体"的一项重要内容。

2015 年 2 月 1 日，《中共中央　国务院关于加大改革创新力度加快农业现代化建设的若干意见》（中发〔2015〕1 号）提出"以未能继续升学的初中、高中毕业生为重点，推进中等职业教育和职业技能培训全覆盖，逐步实现免费中等职业教育。积极发展农业职业教育，大力培养新型职业农民"。可见，中共中央、国务院将"大力培养新型职业农民"作为"提升农村公共服务水平"的一种重要手段和一项重要工作。

从上述新型职业农民概念发展看，有两个显著的变化：一是从最初的 2005 年农业部提出"职业农民"，到 2006 年中共中央、国务院提出"新型农民"，再到 2012 年中共中央、国务院提出"新型职业农民"，概念界定更加深化和明确，实现了将职业农民和新型农民完美融合成新型职业农民，更加凸显了国家对新型职业农民重视的程度；二是从 2012 年中共中央、国务院首次提出"大力培育新型职业农民"，到 2015 年中共中央、国务院再次提出"大力培养新型职业农民"，充分表明了提升新型职业农民科技文化素质与市场开拓能力的重要意义。就前者而言，新型职业农民的概念有机地将新型农民和职业农民结合起来，适应了我国农村劳动力的结构变化和现代农业发展的新形势，体现了农民从身份向职业转变、从兼业向专业转变、从传统农业生产方式向现代农业生产经营方式转变的新要求，回答了今后"谁来种地"的问题（江娜，2012）[①]。就后者而言，中共中央、国务院先后提出要大力培育、培养新型职业农民，体现了新型职业农民队伍的建设首先要通过短期的培训和教育，再按照一定的目的进行长期教育和训练，使其成长为"爱农业、懂技术、善经营"的乡村振兴人才。

研究认为，新型职业农民是"理性经济人"，这一群体代表的是一种职业身份，与公务员、教师、科研人员等体制内人员的身份性质相同，而与传统意义上的务农农民则截然不同。他们在从事农业生产过程中，通过市场理性优化配置资源，以需求指导农业生产，又以新产品引导市场。以商业活动为舞台的新型农业劳

---

① 江娜.让乡土能人成为新农村建设领头雁[N].农民日报，2012-10-31(01).

动生产者,需要通过学历教育和职业培训并举来培养其成为高素质型、专业型、组织型、创业型的现代农业从业者和美丽乡村建设者。可见,新型职业农民事关现代农业发展,事关国家粮食安全和重要农产品有效供给,是对加强农村人才队伍建设的有力回应。

## 三、新型职业农民的基本标准

据前所述,新型职业农民不再是身份称呼,而是有尊严有保障的职业。因此,成为新型职业农民,必须有资格准入的基本标准。具体来说,至少要具备三个基本标准,才能充当新型职业农民。

### (一)以农业作为终身职业

新型职业农民必须以农业为职业本位或岗位,长期扎根农村,全职终身从事农业生产,将农业视作与工业和服务业等二、三产业一样重要的产业,全年用70%以上的时间和精力主要从事规模种植业、养殖业、加工业,实现一、二、三产业深度融合。

### (二)具有一定的专业技能

加快构建集约化、专业化、组织化、社会化相结合的新型农业经营体系,需要不断提高农业生产的规模化、专业化、标准化和集约化水平,这就必然要求新型职业农民能熟练运用新技术、新品种和现代化设施设备进行农业生产,能运用先进的互联网、物联网、大数据、云计算、人工智能和区块链技术进行经营和管理。

### (三)具有稳定的农业收入

新型职业农民与传统农民及务工农民的显著区别之一就是收入来源渠道的不同。新型职业农民收入主要来源于农业生产经营性收入，而且年收入要在当地普通农民收入的 10 倍以上，让农业成为一种"体面的职业"，农业收入成为一种"体面的收入"，农业发展的后劲才会越来越强大。

## 四、新型职业农民的主要特征

从新型职业农民的定义不难看出，新型职业农民的主要特征是市场主体、稳定群体和责任主体。

### (一)新型职业农民是市场主体

市场是指为了买和卖某些商品而与其他厂商和个人相联系的一群厂商和个人。新型职业农民的标准决定了新型职业农民必须从事市场活动，也决定了其在市场活动中占有主导地位。新型职业农民架起市场与产品的桥梁，并通过市场活动，一方面积极积累丰富的人脉资源；另一方面积极追求产品利润的最大化。

### (二)新型职业农民是稳定群体

农业是一个见效慢、周期长的弱质产业，土地、地力等农业生产要素需要长期培植。要获得较高的农业效益,必须坚持长期投资的理念,把务农作为终身职业,而且后继有人。

### (三)新型职业农民是责任主体

新型职业农民应当具有高度的社会责任感和先进的现代观念,紧紧围绕资源节约型和环境友好型"两型农业"标准开展农业生产经营活动,按照有机食品、绿色食品和农产品地理标志"二品一标"要求生产农产品,确保农产品安全和有效供给,确保环境优良、资源有效利用和持续发展。

## 五、新型职业农民的基本分类

目前,新型职业农民的分类大致可分为生产经营型、专业技能型、社会服务型和引领带动型(或创业致富型)新型职业农民四类。

### (一)生产经营型新型职业农民

生产经营型新型职业农民是以农业为职业、占有一定的资源、具有一定的专业技能、有一定的资金投入能力、收入主要来自农业的农业劳动力。主要是种养专业大户、家庭农场主、农民合作社带头人等。

### (二)专业技能型新型职业农民

专业技能型新型职业农民是在农民合作社、家庭农场、专业

25

大户、农业企业等新型农业经营主体中较为稳定地从事农业劳动作业，并以此为主要收入来源，具有一定专业技能的农业劳动力。主要是农业工人、农业雇员等。

### (三)社会服务型新型职业农民

社会服务型新型职业农民是在社会化服务组织中或个体直接从事农业产前、产中、产后服务，并以此为主要收入来源，具有相应服务能力的农业社会化服务人员。主要是农村信息化基层信息员、农村经纪人、农机服务人员、统防统治植保员、村级动物防疫员等。

### (四)引领带动型新型职业农民

引领带动型新型职业农民主要指产业发展具备一定规模、具有一定引领带动能力的产业工人。重点包括村组干部中产业致富带头人、回乡务农的大中专毕业生、返乡创业农民、复转军人、优秀大学生村官、科技示范户当中做出一定成绩并对当地产业发展具有带动作用的产业工人等。


## 六、新型职业农民的培养能力

2005 年，农业部首次在《关于实施农村实用人才培养"百万中专生计划"的意见》中指出，要将农村劳动力中具有初中或相当于初中及以上文化程度，从事农业生产、经营、服务，以及农村经济社会发展等领域的职业农民作为农村实用人才培养"百万中专生计划"的培养对象。2006 年，农业部进一步提出要将从事农业生产、经营、服务，以及农村经济社会发展等领域的职业农民培养成有文化、懂技术、会经营的农村专业人才。这是农业部对职业农民的精辟论述。从中可以发现，职业农民与传统务农农民具有本质的区别。传统务农农民是一种经验式农民，其长期从事的是小农生产活动；而职业农民则是一种有思想、有理念、有抱负的职业化农民，是一类以农业为职业本位或岗位，长期扎根农村，将农业视作与工业和服务业等二、三产业一样重要的产业，用 70%以上的时间和精力主要从事规模种植业、养殖业、加工业，能熟练运用现代化设施设备进行农业生产，年收入在当地农民收入 10 倍以上"有基础、懂技术、善经营、会管理"的以实现社会价值和自我价值为目标的现代农业从业者。

从上述职业农民的定义来看，新型职业农民应具有"四大职业能力"要素，即驾驭内容的专业能力、解决问题的方法能力、善于交流的社会能力、认同价值的人格能力。因此，新型职业农民对能力上的要求比传统务农农民会更高。

## 七、新型职业农民的培养对象

新型职业农民是新型农业经营主体中最重要的部分，担负着推动农村发展、保障国家粮食安全和重要农产品供给的重任。因此，培养新型职业农民要立足当前、着眼长远，根据本地农业产业发展现状和规模，确定总目标和分目标，并有计划、有步骤地组织实施。比如，以湖南的粮食产业为例，2013 年湖南承包耕地

30亩以上的种粮大户达26万户，粮食播种面积4167万亩，成为农业科技应用和粮食种植的骨干力量。因此，粮食产业可作为新型职业农民发展的主导产业，而且国家和地方可从高产农业新技术、先进农业新设备新设施、资金补贴、农业项目等方面给予重点扶持，并按照起步型、创业型和带动型三种类型培养新型职业农民，每个类型各占一定比例，使其成为当地社会的中产阶层，成为实现城乡一体化、农业产业化、农民富裕化的"领头羊"。

## 八、新型职业农民的培养内容

造就一支技术技能和经营管理复合型新型职业农民队伍，培养机构必须采取适应新型职业农民学习特点和农业生产规律的方式，坚持生产经营全过程和后续跟踪服务相结合，充分利用新媒体等现代教育技术手段，改变以往单一的培训或简单的"一事一训"培训方式，以培养新型职业农民为重点，分产业和类型进行经常性、系统性、全程性培训，实现技术技能与生产、经营、管理技术培训并举。具体而言，包括三个方面的内容。

### (一) 系统开展农业创业培训，培养农业创业型新型职业农民

主要依托农业职业院校，采取"农民点菜、专家下厨"的方式，以整村推进农业新品种、新技术和新模式培训为重点，结合农村高效农业规模化发展需求，主要面向有强烈创业欲望和意识，有较强农业产业基础和较高文化素养的返乡农民工、农业科技示范户、种养殖大户等中青年新型职业农民开展创业培训。

## （二）全面开展农业社会化服务培训，培养农村社会化服务型新型职业农民

以农村从事社会化服务的新型职业农民为重点培养对象，采取分类培训方式，全面开展职业技能培训，进一步提升其理论水平和实践能力，为考试考核合格的新型职业农民颁发现代农业职业技能证书。

## （三）重点开展农业经营管理培训，培养现代农业产业化经营型新型职业农民

重点培养农民合作社领办人、农业龙头企业负责人、大学生村官、农产品经纪人等新型农业经营管理人员。在深入调研这些人员的培训需求的基础上，科学制订培训计划，结合实际需要开设基础课程，着重开设经营管理实务专业课程，进一步提高他们的组织带动能力和经营管理水平。

# 九、新型职业农民的培养方式

新型职业农民队伍主要由具有农业生产经营能力、专业技能和农业社会化服务本领的新型职业农民构成。通过不断完善培训基地条件建设，将其建成当地新型职业农民培训和实践的多功能中心，成为统筹协调各项工作的重要阵地，成为培养新型职业农民的基础支撑平台和培训平台，并由培训向培养转变，按农业生产环节分阶段培训，适应成人学习的特点和农业生产规律，加强

实训操作，由懂到会，实行全过程培养。

### (一) 以农业经理人为重点，培养经营型新型职业农民

根据农业职业经理人的培养要求，着重创新农业生产经营方式，在人才培养、管理和发展上取得重大突破，切实解决农业生产经营上的薄弱环节。

### (二) 以科技种粮大户为重点，培养技能型新型职业农民

创新土地流转承租方式，实行土地集中连片租赁，将土地有序流转给种粮大户。针对其粮食生产中的技术问题，将先进的种粮技术、管理技术重点传授给种粮大户，帮助其规模化生产、产业化经营，提升粮食综合生产效能，取得粮食生产规模效益。

### (三) 以专业合作社为重点，培养服务型新型职业农民

充分发挥农民合作社的"传帮带"作用，加强农业服务体系建设，培养大批为现代农业发展提供综合服务的新型职业农民队伍。

## 十、新型职业农民的培养方法

参照国外新型职业农民培养的做法，实行职业资格准入制度和新型职业农民认定制度，由县级人民政府对已认定的新型职业农民颁发"新型职业农民资格证书"，并从项目、资金等方面予以扶持。为培养和壮大新型职业农民队伍，政府应整合涉农项目，由认定的新型职业农民个人或领办的企业承担，以提高科技水平

和竞争力。要创新农业生产补贴模式，建立"谁生产谁受益，不生产不受益"的按实补贴政策，提高新型职业农民生产的积极性。鼓励通过出租、转包、转让、互换等形式推进农村土地统一流转，促使土地向新型职业农民集中。加强农田基础设施建设，为新型职业农民的良性发展创造一个好的平台。把新型职业农民纳入政府贴息贷款范围，并简化相关创业贷款手续。将新型职业农民的农业生产全部纳入农业灾害保险承保范围，把农业风险降到最低点。将优秀种养大户评选、新增的农业生产各类补贴向新型职业农民倾斜。

# 十一、新型职业农民的培养路径

## (一)在企业中培养新型职业农民

依托龙头企业，有目的、有计划地将新型职业农民引进企业，参与企业的生产运作，熟悉企业的工作流程，掌握企业运行的规律和方式。

## (二)在产业链中让新型职业农民成长

依托主导产业，让新型职业农民参与产业发展的产前、产中、产后全过程，使其掌握生产的全过程，让农民经常接受锻炼，在锻炼中得到成长。

## (三)在服务体系中让新型职业农民成熟

新型职业农民的成熟度还得在社会化服务体系中形成。这个体系是一个复杂的综合体，接受将不断出现的问题进行分析和解决，能不断提升新型职业农民的农业生产、经营和管理能力。

第三章

新型职业农民培养政策

新型职业农民发展必须依靠强有力的政策推动。近年来，我国从中央到地方，各级党委、政府都高度重视新型职业农民培养，出台了系列新型职业农民培养政策，同时带动社会力量参与新型职业农民培养，为乡村振兴战略实施提供了人才支撑和智力支持。

# 一、新型职业农民培养政策措施

我国开展新型职业农民培养起始于 2014 年,各地围绕现代农业发展要求,准确把握国家新型职业农民培育工程项目实施精神,深入开展新型职业农民培养工作。

## (一)健全新型职业农民培养制度体系

### 1. 强化组织保障

各地均成立了由分管农业的副县长任组长,县农业、财政、教育、人社、政府办等县直单位负责人为成员的新型职业农民培养工作领导小组,负责审定《新型职业农民培养年度实施方案》,解决新型职业农民培养实施中存在的重要问题,从组织层面推动新型职业农民培养工作开展。如桑植县政府为支持此工作,专项资金 120 万元全部拨付到位,因县级扶贫资金整合力度加大,县农业农村工作局积极做好县委县政府领导班子工作,最终获得用于新型职业农民培养的资金达到 300 多万元。

### 2. 完善制度建设

各地均建立了《新型职业农民教育培训管理办法》《新型职业农民认定管理办法》《新型职业农民培育扶持奖励办法》等制度,从制度层面确保了新型职业农民培养工作有序开展和规范运行。

### 3.搭建培育平台

各地均认定了涉农院校、农广校、农业技术推广机构及一些民办职业培训机构作为新型职业农民教育培训基地。同时依托国家农业科技园区认定农民专业合作社、农业龙头企业、家庭农场等作为新型职业农民实训基地，开展实践实习和参观交流，提升新型职业农民动手能力。

## (二)抓好新型职业农民教育培训

### 1.合理遴选新型职业农民培养对象

各地均结合区域内水稻、蔬菜、果树、畜牧和特色经济作物等重点农牧产业，建立新型职业农民培养资源信息库。在农户自主申报和村、乡推荐基础上，坚持择优选用原则，重点从年龄在18~55岁、初中以上文化程度的种养大户、家庭农场主、农民专业合作社骨干、农业社会化服务组织成员中筛选培养对象。

### 2.精选新型职业农民培养教师队伍

根据有关要求，各地均制定了新型职业农民培养师资入库标准，建立了新型职业农民培养师资库，从中选聘一批具有中高级职称、理论知识和实践经验丰富的专业技术人员担任教师，传授农业技术、经营管理知识，从不同层次满足教育培训需求。

### 3.强化新型职业农民培养创新

一是新型职业农民培养方式创新。各地坚持"实际、实用、实效"原则，根据农业项目实施、农民专业合作社发展和新型职业农民发展所需创新培养方式。如桑植县利用"三个对接和三个结合"做好新型职业农民培养，即新型职业农民培养与产业对接，确定培训专业时与县主导产业发展相结合；新型职业农民培养与新型农业经营主体对接，确定培训主体时选定一至两个农业企业或农民专业合作社与新型职业农民培养相结合；新型职业农民培养与精准扶贫对接，确定培训对象时与县精准扶贫深度相结合。

二是新型职业农民培养内容创新。各地均结合农业生产实际和农时季节，下力将良种良法推广、农产品质量安全、农业创业、农村经营管理、农村电商和银利贷款等符合需求的知识传授给新型职业农民，实现了由单纯办班向综合课堂转变，由单项技术向多项技能转变。

三是新型职业农民培养方法创新。各地均注重采用参与式、启发式和互动式相结合、集中学习与实践指导相结合的教育培训方法，改变了以往"灌输式"的教学方式，很受新型职业农民欢迎。

**（三）开展新型职业农民认定管理**

各地均根据《新型职业农民认定管理办法》开展新型职业农民认定管理工作。

一是明确认定条件。各地根据生产经营型新型职业农民的产业规模、收益水平和示范带动能力建立初、中、高三个等级认定标准，严格依照相应条件逐级评定。

二是公开公平申报。各地根据个人申请、村乡初审、农业部门审核、公示公布程序进行新型职业农民认定，做到公开公正、规范操作。

三是实行动态管理。各地建立已认定的新型职业农民信息档案库,抓好跟踪管理和年度考核,考核不合格的,取消新型职业农民资格。

**(四) 推出新型职业农民扶持措施**

从调研了解到,各地主要从六个方面支持新型职业农民发展。

一是政策扶持。各地根据《新型职业农民培育扶持奖励办法》,在农业生产补贴、用水用电、土地流转、金额信贷、农业保险等方面对认定后的新型职业农民给予扶持政策优惠。

二是以奖代补。各地通过以奖代补方式,激励新型职业农民发展产业。如花垣县新建湘西 1 号烤房每栋补贴 4000 元,新开发茶园每亩补助 2000 元;存栏湘西黄牛母牛 50 头以上的给予 1 万元奖励,存栏 100 头以上的给予 2 万元奖励,最高奖励 5 万元;家禽饲养规模达 1 万羽以上的,按每羽 5 元给予一次性奖励等。

三是技术扶持。各地建立了农技人员帮扶指导新型职业农民制度。县乡农技员与新型职业农民结对挂钩,为其提供技术跟踪服务和产销信息,并将帮扶指导的成效与农技员的年度目标考核挂钩。

四是项目扶持。各地将粳稻百亩示范、稻田养鱼示范等一些农业试验示范项目向新型职业农民倾斜。

五是从注册认证上扶持。各地指导新型职业农民成功申报创办家庭农场,享受省级相关扶持政策。

六是从培训上扶持。各地整合各类培训项目对新型职业农民实行免费培训。

## 二、新型职业农民培养政策效果

从调研情况看，各地近年来积极开展新型职业农民培养，取得了明显效果，为乡村振兴提供了人才支撑。

### （一）新型职业农民素质与思路得到提高

各地将新型职业农民培养与产业发展紧密结合，以种养大户、专业合作社负责人、家庭农场主及农业企业主为主要新型职业农民培养对象，围绕当地主导产业兼顾地方特色产业开展农业技能、专项技术、农村政策法规和农业经营管理等针对性专业化培训。通过参加新型职业农民培养，新型职业农民掌握了新技术和现代农业生产经营理念，提高了生产技能，激发了热情，增强了信心，特别是很多新型职业农民的农业发展观念有了很大转变，新型职业农民的科技文化意识、实用技术技能和经营管理水平明显提高，农业安全、品牌和组织化意识明显增强，农业生产经营性收入也有明显增加，涌现出一大批农业科技推广和农业科技兴农致富的典范和带头人，新型职业农民真正成为农业生产的佼佼者和带头人。

例如，桑植县河口乡懂市村的覃杰带领村民开发种植茶叶生产基地，收集村民的茶叶进行加工，集种植、加工、销售于一体，在乡域内起到示范带动作用。2018 年他参加湖南省湘茶杯首届手工茶制作大赛，获得"优秀工匠"和"湖南省五一劳动奖章"称号。桑植县陈家河镇蔡家坪村的蔡家化注册的番碧乐家庭农场，种植 200 多亩蔬菜、百合、玉米、猕猴桃，年利润 20 多万元。桑植县桥子弯镇李家垭村的徐作雄注册的桑植县楚山阔中药材合作社，发展种植中药材面积 200 亩，产值 40 余万元。麻阳县四季果园农业科技发展有限公司负责人王欢欢，在湖南省农业科学院参加新型职业农民产业扶贫带头人培训班后，用自己所学知识发展极优黄桃产业，建设黄桃标准化扶贫产业园，与 100 多户贫困户建设极优黄桃基地，以"订单式"绿色生产和销售黄桃，年产值 25 万元，帮助贫困户实现稳定脱贫。新型职业农民大学生张浩胤，2012 年在怀化职业技术学院毕业后，参加了怀化市青年农场主培训结业，而后从事 1611 亩水稻、葡萄等农业种植，实现全程机械化作业，与当地贫困户建立利益联结机制，免费为小农户提供技术指导，免费赠送葡萄种苗 1 万多株，为闲置劳动力和农户提供就业岗位 200 多个，帮助 100 多户贫困户脱贫致富。湖南博嘉魔力农业科技有限公司总经理钟果林，参加会同县魔芋产业生产经营型新型职业农民培训班后，年生产加工新鲜魔芋 3 万吨，形成了以魔芋种植、加工和销售为一体的魔芋产业链、价值链、利益链，产生了系列魔芋发明专利、标准或规范，带动全县 18 个乡镇 68 个贫困村 2587 户贫困户种植魔芋 2 万多亩。湖南湘众中药材种植贸易公司永兴分公司和永兴县合众农业开发专业合作社由法人代表陈海斌领办，采取"合作社+基地+农户"生产经营模式，发展成为永兴县规模最大、技术力量最强、集生态种养殖于一体的林下中药材种植合作社，中药材种植示范基地 1200 亩，发展鱼类养殖场 50 亩、生猪养殖场 300 平方米、中药材加工厂 200 平方米。永兴县兴邦果业有限公司由永兴县冰糖橙种植业协会会长、湖南省劳动模范廖帮文兴办，投资建设 1500 亩绿色食品永兴冰糖橙标准化生产基地，扶持发展果农 600 多户。

## （二）新型农业经营主体进一步发展壮大

通过新型职业农民培养和扶持，新型职业农民不仅有了现代农业发展理念，综合素质和农业生产经营能力也得到普遍提高。有的办起家庭农场，成为家庭农场主；有的扩大规模，成为种养大户；有的领办农民专业合作社，以种养大户、农民专业合作社、农业龙头企业及家庭农场为代表的新型农业经营主体快速发展。新型职业农民领办或兴办这些新型农业经营主体发展产业，产生了一定的成效。

例如，花垣县州级以上农业产业化龙头企业有 15 户，其中省级 2 户，上规模农产品加工企业 13 家，发展各类农民专业合作社 570 多家（省级示范社 5 家），家庭农场 131 户。桑植县现有 44 家市级重点龙头企业，新增省市级农业龙头企业 7 家。"国家级示范社"——湘乡市喜杨杨果树种植合作社由湖南省"十佳新型职业农民"、湘乡市新型职业农民讲师团特聘教师谭叙平理事长领办，有 8 个大股东和 131 个社员，他探索出的杨梅树"矮化"技术成熟，所产杨梅通过了"三品一标"认证，注册了商标和创立了品牌，建有杨梅科普示范基地 600 多亩，种植 200 多个杨梅品种，果品质优，顾客吃得放心，年产值 500 多万元，同时作为省定两个贫困村产业扶贫联系人，他常年免费上门为贫困户进行技术指导。双峰县广缘绿色农业发展有限公司由湖南省"十佳新型职业农民"刘智伟法人代表兴办，拥有各类农业生产机械 60 多台，大型烘干仓储面积 4000 多平方米，总资产达 510 万元，以每亩

300~400元的地租流转土地2860亩,采取"公司+合作社+基地+农户"的管理模式发展绿色农业。双峰县兴盛油田合作社由美丽乡村副会长兼村支书的湖南省"十佳新型职业农民"王义定法人代表领办,建立"稻田+养蛙+养虾"的"稻田+"模式,年产值在原来的基础上翻三番,成为"省级示范社"。隆回县山峰农业发展有限公司由湖南省"十佳新型职业农民"、县人大代表江怀军创立,发展了优质稻种植、杂交水稻种植、大米加工、农机服务、生态养殖五个产业,带领600余户农户走上产业脱贫的道路。

### (三)县域主导特色产业全面发展

一方面,各地围绕主导特色产业培养新型职业农民,为新型职业农民发展县域主导特色产业出台扶持政策,在农业项目安排、土地流转、税费减免、金融信贷等方面扶持新型职业农民发展产业,使主导、特色产业的专业化、标准化、规模化、集约化水平得到普遍提升。

从省级层面看,2014年《湖南省人民政府办公厅关于加快新型职业农民培育的意见》提出"围绕产业发展实行全过程跟踪培养""实行农业技术干部联系农业园区、农民专业合作社、龙头企业制度,帮助制定产业发展规划,做好技术指导服务""各有关部门要积极制定相应的扶持政策,支持新型职业农民发展农业产业"。2015年《湖南省国土资源厅 湖南省农业委员会关于进一步规范设施农用地管理支持设施农业健康发展的通知》提出"生产设施、附属设施和配套设施用地直接用于或服务于农业生产,按农用地管理,不需办理农用地转用审批手续"。2019年《湖南省自然资源厅 湖南省农业农村厅关于进一步加强和改进永久基本农田保护工作的通知》规定"确实无法避让永久基本农田的，在不修建永久性建筑物、经复垦能恢复原种植条件的前提下，可依法依规临时占用，原则上不超过两年，到期后必须及时复垦并恢复原状"。

从市县级层面看，2018年《中共怀化市委 怀化市人民市政府关于印发怀化市五溪人才行动计划的通知》提出"围绕脱贫攻坚工作和'乡村振兴战略'，加强农业科技人才队伍建设，培养农村基层实用人才，增强乡村发展新动能"，并整合农业农村、水利、扶贫和移民等部门涉农资金用于扶持新型职业农民壮大产业。湘乡市以"基层农技推广体系建设"项目为依托，每年遴选3个示范带动作用的农业技术示范基地作为农民田间学校，并给予其一定的资金补助。

另一方面，各地通过新型职业农民示范和带动其他农民，其他农民发展产业的积极性和生产水平也相应得到提高，县域农业农村经济发展活力明显增强，农业产业化经营日新月异。

例如，桑植县茶叶、蔬菜、中药材种植，大鲵、蜜蜂养殖等产业的标准化、规模化、集约化水平得到普遍提升，逐步注册打造统一的"桑植萝卜""桑植白茶""桑植蜂蜜""桑植魔芋"等农业品牌。花垣县形成优质稻8万亩、烤烟3.4万亩、蔬菜8万亩、水果8万亩、中药材1万亩、茶叶0.4万亩、优质蚕桑0.3万亩和湘西黄牛近2万头、鲟鱼30万尾、乳鸽50万羽等特色种养规模，涌现出了湖南德农牧业公司、兴盛供销公司、苗汉子野生蔬菜专业合作社、五龙农业开发有限公司等一批投资规模大、带动力强的农业龙头企业。新化县从幼师转行做新型职业农民的邹碧波创建新化县水车镇紫鹊界贡米生产基地，拥有13家联盟合作社，她创造的"稻草秸秆 40%+农家肥 10%+泥土 20%+水 30%"混合腐熟三个月以上制造肥沃土壤的土具农耕坊取得了极佳效果。湘潭县春静水稻种植专业合作社由全国"十佳新型职业农民"、全国人大代表彭水平理事长兴办,从 4 个乡镇和 19 个村流转土地 8700多亩,她 2010 年从教育行业转到农业领域,探索出定产量、定成本、定报酬、定奖罚,统一品牌、统一品种、统一农业技术指导、统一病虫害防治、统一机械操作烘干仓储、统一销售的"四定六统"管理模式,大大提高了农民的工作积极性。她还采取种养结合方式,喂养 1000 多头砂子岭猪,因品种好,无须广告包装宣传,就有可观的销售量,帮助了扶贫户脱贫致富。安化县巧姑生态农业有限公司由法人代表罗云兴办,采取"公司+合作社+贫困户(一般农户)"生产经营模式,以供应种苗、技术指导、回购、入股分红、就业等方式与贫困户建立利益连接机制,使散户有机会赚钱,通过生产线用工留住外出务工人员,缓解留守儿童问题,实现产业助力扶贫,带领贫困户长期稳定增收。

## 三、新型职业农民培养政策问题

通过对湖南省新型职业农民培育工程实施县的持续跟踪调查,发现新型职业农民培养过程中还存在一些问题。

### (一)培养工作的主体不健全

新型职业农民培养的牵头部门是各级农业农村部门,同时涉及教育、科技、文旅、人社等相关职能部门。当前主要是农业农村部门组织实施职业培训，教育部门尚未全面施行学历教育，牵头部门与相关职能部门间尚未形成整体合力，难以开创新型职业农民精准培养大格局。

1. 管理机构单一

省级层面目前基本上是农业农村部门在唱"独角戏"，地方层面大部分县具体由农业农村科教管理部门负责，这些单位一般仅配备 1~2 名工作人员。

2. 培养实施机构单一

新型职业农民培养工作的实施主体是农广校和民办培训机构，其拥有的教育培训资源和教育水平十分有限，而教育资源丰富、师资队伍较强的全日制中、高等农职院校和农业本科院校尚未占主导地位。

3. 评价机构单一

目前大部分实施县尚未引入第三方机构对管理机构和实施机构进行新型职业农民培养的质量评价，仍然由管理机构对实施机构进行项目验收。

## （二）培养实施的环节不精准

1. 培养方式

大多数培养课堂仍然采取"教师讲、学员听"的传统授课方式，不利于学员接受知识，难以调动学员带着农业生产问题听课的积极性和主动性。

2. 培养时间

由于省级新型职业农民培养管理机构基本上每年下达新型职业农民培养任务的时间在下半年，要求完成培养任务的时间是当年年底，留给县级新型职业农民培养实施机构的培养时间只有短暂的三个月左右，又正值秋冬收割，导致培养时间与农产品收割时间冲突，县级新型职业农民培养实施机构只能草草完成培养任务，没有收到理想的培养效果。

3. 培养内容

大多数新型职业农民培养实施机构笼统地向所有新型职业农民传授同样的内容；有些新型职业农民由于对培养内容不感兴趣，即使进入了课堂，也"心不在焉"，影响了培养效果。

**(三) 培养服务的政策不配套**

尽管各地出台了新型职业农民培养基地认定办法，但尚没有后续的跟踪管理措施，导致一些机构申报培养基地的积极性虽然很高，但真正扎实深入开展教育培训的积极性很低。近年来，湖南省针对新型职业农民培养出台了系列政策，但这些政策的"干货"少，针对性和可操作性不强，在地方执行到位非常难，特别是很多地方还将新型职业农民培养专项资金与扶贫资金整合使用，导致农业农村管理部门的意见非常大，大大打击了开展新型职业农民培养工作的积极性。受调查的新型职业农民还反映，目前培养基地对他们的跟踪服务都浮于表面，很多农业生产实际问题得不到及时解决。由于尚未将跟踪服务、绩效评价、培养立法纳入新型职业农民培养制度建设中来，难以从制度上全面保证新型职业农民的高质量发展。

**1. 产业发展条件差**

南方地区农村地形地貌特征明显：山地多，平地少；小田多，大田少；旱田多，水田少，限制了很多农村实行全程机械化农业生产。从所调研的农村发现，产业发展基本设施落后，水、电、路不通率在30%以上，很多水库年久失修，即使政府出资修建好的水库也没有发挥灌溉作用，造成水资源严重浪费。体现为农业机械化难度大，农业机械化率在20%以下；务农农民老龄化严重，老龄化率占48%；劳动力成本高昂，日工资120~150元。有新型职业农民反映，村民小组为修水利而挖路，破坏了几十亩水田的水沟，整个生产队无法种水稻，且多次反映均无果。有个别村的水、电、路则由新型职业农民创办的公司全额出资拉通。还有个别村干部不带头种田，村里农田荒芜率在70%以上，看到的农田景象是杂草丛生、树林茂密，日埂已被杂草淹没，农田已变成公路、宅基地和养殖场。甚至有少数农民生产过程中使用农药、化肥、除草剂等投入品，造成农产品质量不高，土壤严重破坏。这些因素都很大程度上制约了农业产业的组织化、规模化、专业化和集约化发展。

**2. 产业发展土地难**

很多新型职业农民反映，一部分农户文化素质较低，思想意识薄弱，少数村干部协调能力不强，农户思想工作做不通，宁愿自家土地不耕种，或抬高地价难以租赁，土地出让金高达每亩 10 多万元，有些偏远农村的土地流转价格高达每亩 1000 元以上，而一般土地流转价格是每亩 200~400 元，政府未对土地流转给予补助，致使土地难以流转给新型职业农民。调研发现，即使农户愿意流转土地，而南方地区农村很多农田分散性大，也难以集中成片流转，因而无法扩大农业生产规模，难以从整体上去做好土地规划和经营管理。还有不少新型职业农民反映，随着农民专业合作社发展规模扩大，对仓库和加工车间等辅助设施用地及牲畜圈舍等生产设施用地需求相应增加，由于交不出每亩 10 多万元的土地出让金，设施用地难以落实而无法建设，即使在申报附属设施用地和生活设施用地时，从村级到县级所加盖的公章近 20 个，历时一年才完成了 50% 左右，严重阻碍了农民合作社发展产业。

## 3. 产业发展成本高

尽管新型职业农民均在努力发展产业，但最困扰的是发展产业需要投入大量的资金。以发展养猪产业为例，某新型职业农民依托丘陵山林优势，开办家庭山地养猪场，经营家乡茶香猪养殖，在土地、圈舍修建、水电管线等基础设施设备、日常生产管护、猪苗、猪饲料购买等方面投入 20 多万元。因资金回笼期长，投资成本短期内难以收回，而新型职业农民本身经济实力弱，资金周转短缺或失灵。特别是在养猪遭遇自然、市场和疫情三大风险时，农业政策性保险覆盖面窄、保费低，贷款难度大，最高信贷额为 20 万元左右，难以为家庭养猪场健康发展提供有力支持。有新型职业农民反映，从 2016 年开始创业，种植 30 多亩优质果树，至今没得到资金补贴，由于前期投入大，果树产量低，且遭受野生动物破坏，一直处于亏损状态，没有获得赢利，而村里粮田面积 1000 多亩，实种面积不到 300 亩，70％以上的良田撂荒，村民们天天指望扶贫。

### 4. 产业发展技术缺

大部分新型职业农民反映，农民不了解农村产业发展政策，也没有接受过系统的农业类专业学习，在产业发展初期缺乏农业专业技术知识，导致生产经营管理粗放，农产品特色不明显，运营模式技术含量低，市场供需信息分析力弱，农产品销售渠道局限单一，难以适应现代农业生产和经营管理。还有新型职业农民反映，部分农业农村部门组织开展的新型职业农民培训时间、培训地点、培训内容和培训方式均不适合新型职业农民产业发展需要，没有做到因时、因人、因地制宜开展新型职业农民培训，导致培训生源组织难、参训率低，培训效果不佳，培训成本遭到浪费。

### 5. 产业发展服务弱

不少新型职业农民反映，农民没有参与政府政策法规或制度机制的制定，有些政策法规、制度机制难以适合新型职业农民产业发展的实际需要。比如，某位新型职业农民发展果树产业，果子在成熟时节却遭受野生动物破坏，他只能采取果树拉网方式防止野生动物破坏果子，可林业部门不允许拉网破坏野生动物栖息环境，新型职业农民不禁叹息"一家的收入全来源于果树产业，而一半的果子被野生动物破坏，每天寝食难安，而林业部门只管禁止，没有相关措施避免野生动物破坏果子"；

再比如，某畜牧部门认为所建畜禽舍不符合环保标准，要求拆除，但没有告诉农民如何建设畜禽舍才符合环保标准，导致农民投入损失惨重。

# 四、完善新型职业农民培养政策

## （一）进一步健全新型职业农民培养的主体和平台

应整合全社会培养资源，构建牵头部门、相关职能部门、中高等涉农院校、农业科研院所、农民专业合作社、专业技术协会、龙头企业广泛参与支持的新型职业农民培养体系。

### 1. 推进实施农业院校新型职业农民学历教育工程

由教育部门牵头，支持中高等农职院校、农业本科院校成立新型职业农民教育学院（系），重点推进实施新型职业农民学历教育工程，教育、农业、财政等相关职能部门在充分调研的基础上，制订农业院校实施新型职业农民学历教育方案。实行自主招生，注册免试入学，每村选派 3~5 人进行分层次、分类型免费接受学历教育，所需学费由各级财政解决，农民自己解决生活费。

### 2. 构建新型职业农民培养联合体

农业农村部门要联合教育、人社等相关职能部门全面整合培养资源，形成"村社+园场+企业+培养机构"的联合培养模式。按照不同岗位进行分级分类培养，对生产经营型开展全产业链技能培训，侧重于生产管理与市场营销；对专业技能和社会服务型侧重于实际操作技能，配套进行后续知识更新培训和岗位练兵。

3. 设立新型职业农民培训入户入村项目

由农业农村部门牵头，大力实施农业科技入户工程项目、基层农技推广补助项目等农业科技进村项目，实现专业与产业对接、教学过程与生产过程对接、教学内容安排与农时季节紧密结合、新型职业农民培养与现代农业产业可持续发展的一体化推进。

4. 搭建新型职业农民远程教育平台和知识分享空间

运用"互联网+培养"模式，围绕新型职业农民急需的农业种植、养殖和加工及贸易技术、农村电商技术等，实现在线学习与在线技术咨询相结合、共享教学资源信息与开发网络学习资源相结合，不断满足新型职业农民多样化和个性化的学习需求，让新型职业农民终身接受学习和训练。

**（二）进一步完善新型职业农民的相关办法和扶持政策**

1. 出台《新型职业农民评定办法》

由人社部门牵头，实行统一考核、星级评定和荣誉扶持。可以分 5 星、4 星、3 星三个等级，考核在前 1/10 者定为 5 星级新型职业农民，进行表彰和重奖，并在项目扶持上进行倾斜支持，使农民学有榜样、赶有目标、干有人帮；考核在前 1/3 者评为 4

星级；考核在前 1/2 者评为 3 星级。对达标者及时增补，对不达标者及时进行淘汰。通过实行优胜劣汰，不断充实完善新型职业农民队伍，达到滚动发展的目的。同时，由各级党委、政府、群团机构组织开展优秀务农农民评选活动，重点推荐新型职业农民评选人大代表、政协委员、村支两委干部、劳动模范等，让农民感受到农业的希望、农民的体面、农村的伟大。

2. 制定《新型职业农民专家评聘办法》

由人社部门牵头，将新型职业农民职称评审纳入农业系列职称评审范畴，定期对新型职业农民的农业从业情况、农业技能水平、农业创业能力和农业辐射带动能力等进行科学评定，并予以针对性指导。达到一定农业职业水平的新型职业农民，可评定为农民技术专家，并建立新型职业农民专家库。

3. 出台《新型职业农民社会保障办法》

由人社部门牵头，成立新型职业农民发展基金，赋予新型职业农民与城镇职工同等的社会保险、社会救助、社会福利、优抚安置、社会互助等社会保障待遇，建立财政资助的农业专项贷款体系，简化新型职业农民农业从业贷款手续和降低门槛，实行农业保险全覆盖，让新型职业农民拥有如同体制内干部一样的"工作证"，进一步稳定新型职业农民队伍。

4. 推进新型职业农民发展产业

从调研情况看，各地新型职业农民对发展产业信心百倍，均取得了一定的成效，但在产业发展过程中也面临着不少困难和问题，并提出了一些很实际也很实用的意见或建议，希望政府有关部门落地、落实、落细，为乡村振兴战略实施提供强有力的产业支撑。

（1）改善产业发展条件

新型职业农民发展产业所需具备的基本条件是土地、水源、电力、道路和设施。

从土地来看，新型职业农民最希望土地由村支两委（村中国共产党支部委员会和村民自治委员会）统一管理、统一流转，流转租金由农户享有，由村支两委与农户和新型职业农民签订三方土地流转合同，自然资源和农业农村部门具体负责土地流转合同的监督执行，建议自然资源和农业农村部门出台《关于规范乡村土地流转的意见》，明确土地流转权属、方式、用途、价格、补贴和责任，尤其要规定新型职业农民规模化种植和养殖的附属设施用地规模，修建用于农产品晾晒场、仓储、农机库棚、加工、办公等生产设施用地和附属设施用地，对面积500亩以下的，附属设施占地面积不超过5亩；对500亩以上的，按1%的比例安排附属设施用地，且均不收取土地恢复保证金等费用。对农民专业合作社规模化种植和养殖的附属设施用地在规定范围内的，适当收费办理农用土地证审批手续，对超出规定范围的，依法依规办理农用地转用和使用土地审批手续。依法采取"先交后补"方式缴纳土地出让金，即在收取部分土地出让金后，将其大部分作为奖励补给新型职业农民发展产业，发挥新型职业农民的带动和示范作用，带动更多普通农民发家致富，增进农村社会和谐稳定。

从水源来看，新型职业农民发展产业最需要的是蓄水池塘、水库等水源地,建议水利部门出台《关于保护利用乡村水资源的意见》,安排专项资金对年久失修的水库进行全面维修,并建立库长制,监管水库的保护和利用。

从电力来看,新型职业农民发展产业亟须解决电力问题,建议电力部门出台《关于加强乡村电力建设的意见》,重点明确新型职业农民发展产业提供电力支持的具体举措。

从道路来看,对于新型职业农民选址在山林地带来发展产业,修建道路是一项系统工程,建议交通部门出台《关于优先修建乡村产业发展道路的意见》,优先修建砂石道路,硬化沙土路,为新型职业农民发展产业提供便利之路。

从设施来看,农机设备、污水处理系统、智能钢架大棚、农用车等是当前南方地区农村发展产业最需要的硬件设施,建议农机、环保、自然资源、农业农村部门出台《关于加强乡村产业设施建设的意见》,加强产业设施用地及生产设施用地规模条件建设,严禁农产品、农业废弃物乱堆乱放,作为乡村环境整治的重要措施来抓。

(2)加强产业技术培训

农业农村部门要以新型职业农民产业技术需求为导向,因时、因地、因人制宜实施新型职业农民培训,坚持产业技术培训与素质教育培训相结合,将素质教育培训落到实处。正如一位新型职业农民所言:"把农民的素质教育培训搞好了,不仅能把产业做好了,而且将农民的素质提升了一个台阶。"在培训规格上,不仅要利用本土人才资源"现身说法",而且要从大专院校请来产业技术的权威专家进行精准产业技术扶持与培训。在培训时间上,要错开农忙时节,将培训时间安排在1~2月、4~

6月等农闲季节。在培训内容上，要在新型职业农民中深入调研，牢牢把握新型职业农民对产业技术的需求情况，结合产业特点和实际，科学、合理确定培训对象和培训内容，而且要以专题培训为主，辅之以综合培训，做到因地制宜分层培训、因人制宜分类培训，以故事的形式直观、通俗地传授理论和实践知识。同时，要像组织部门抓党建工作一样抓农业技术示范基地和农民田间学校建设，既要为基地和学校挂牌，也要为基地和学校正常运行给予每年0.3万~0.5万元资金支持，为开展培训提供必要的设备设施。

（3）优化产业发展环境

政府部门要为新型职业农民发展产业排忧解难，加大帮扶力度，要在每个流程上、每个环节上为新型职业农民发展产业开道，加快构建乡村产业发展公共服务平台，为新型职业农民发展产业牵线搭桥，提供销售渠道和市场信息，让新型职业农民放心销售农产品，走出一条有效益、有盼头、可持续的现代产业发展之路。要着眼优化公平公正的市场监管环境，实施严格的惩罚制度，禁止新型职业农民使用含有对人体有害重金属的生活垃圾生产的有机肥，从源头上限制重金属肥料污染土壤，加大无残留生物农药使用力度，让新型职业农民生产放心农产品。对新型职业农民从事农业活动的不正当行为，要依法依规依程序从严从快处理。要实现农业政策性保险品种和范围全覆盖，增强新型职业农民发展产业抵御风险的能力和水平。要进一步构建亲清新型政商关系，健全新型职业农民参与政府制定产业发展政策法规的机制，改革农业项目支持条件，打破占地规模与投资额度的束缚。要根据产业发展能力和潜力综合考虑农业项目的支持方向，保障新型职业农民申报各类农业项目的公平待遇。要建立容错纠错机制，放手赋予当地干部办事权，让干部"敢作为、愿作为、主动作为"，提高办事效率，把新型职业农民发展产业满意不满意、高兴不高兴作为一切工作的出发点和落脚点。要将走进农业项目、走进农业企业，解决农业问题、解决实际困难的"双进双解"作为高效服务的抓手和载体，在主动服务上下功夫。

# 第四章

# 新型职业农民培养体系

提升新型职业农民培养质量，加快建设新型职业农民队伍，必须构建认定管理、教育培训、专项扶持、跟踪服务、绩效评价"五位一体"的新型职业农民培养体系。①

---

① 吴易雄.城镇化进程中"五位一体"的新型职业农民培养体系构建与实践［M］.长沙：中南大学出版社，2017：97−101.

## 一、认定管理

按照生产经营型、专业技能型、社会服务型和引领带动型新型职业农民分类分产业制定新型职业农民认定管理办法。生产经营型和引领带动型，以县级认定为主；专业技能型和社会服务型，主要以农业职业技能鉴定为主。根据不同类型的认定标准，遴选确定新型职业农民培养对象，分门别类建立信息台账，实行动态管理。对经考核不达标的，取消新型职业农民培养资格，五年内不能认定新型职业农民培养机构和承担培养任务。

## 二、教育培训

新型职业农民培养机构要紧密对接国家需求、产业需求和农民需求，坚持针对性、规范性和有效性，在提升培养质量上下功夫。要尊重农民意愿，合理设计培训环节。在培养方式上，坚持中高等职业教育或本科教育的学历教育和新型职业农民技能及创业培植的中高级技能培训相结合。在教学模式上，坚持按分段式（按农业生产环节分阶段培训）、重实训（加强实训操作，由懂到会）、参与式（以农民为中心，互动式、启发式、参与式学习）开展教学。在培训内容上，紧紧围绕农产品生产和特色产业分级分类培训。在培训时节上，选取农闲时节，避开农忙时节，一般安排在年初和年末两个月，充分考虑新型职业农民的学习意愿和培训需求。对生产经营型和引领带动型新型职业农民，以农业生产及管理、农产品市场营销、农业企业、农民专业合作组织、家庭农场经营管理等相关知识为主要培训内容，按经营管理范畴分类培训。对专业技能型和社会服务型新型职业农民，以种养生产技术、新品种推广应用、优质高产关键技术、病虫害防治等相关知识为主要培训内容，按产业和专项技能分类培训。在培养手段上，农技人员与新型职业农民结成"一对一"的农业科技联盟，利用现代化、信息化手段开展远程、在线教育与培训，以及师傅带徒弟式地在田间地头现场指导。

## 三、专项扶持

由不同的部门提供相应的专项扶持，而且要列出责任清单，抓紧落地落实。就财政部门而言，要加大对新型职业农民直接承担农业农村项目的力度，采取以奖代补的方式，激发新型职业农民做好农业农村项目的活力。就税务部门而言，落实相关税收优惠政策，尽可能减轻新型职业农民的税费负担，同时通过减免税提高新型职业农民的农业创业的积极性、主动性和创造性。就自然资源部门而言，对直接用于或服务于农业生产的生产设施和附属设施用地，按农用地进行管理，同时要明确用地规模和期限；对非农建设用地，新型职业农民发展产业确需使用的，在符合土地利用总体规划和集约节约用地要求前提下，依法给予保障。就发展改革、交通运输、水利、电力部门而言，制定优惠的用水价格政策，优先保证水电路三通。就农业农村部门而言，着力推进农村产权制度改革，鼓励和引导农村土地承包经营权流转，发展多种形式的适度规模经营。就金融机构而言，简化贷款程序和手续，扩大抵押物担保范围，加大信贷支持，发放小额贷款及创业扶持资金。就保险机构而言，积极开展保险业务，扩大保险品种，提高保障水平，解除新型职业农民农村产业发展的后顾之忧。

## 四、跟踪服务

新型职业农民培养管理部门要制定新型职业农民培养跟踪服务管理办法，做好跟踪服务，重点推进"精准式服务"与"多极化服务"相配套的新方式服务新型职业农民，让新型职业农民尽快掌握新技术。"精准式服务"是在基层农技推广队伍中，遴选一批技术人员与新型职业农民对接，实现从产业发展规划制定、生产布局、模式组装，到生产中的技术指导，产品贮藏、加工、市场信息、产品营销等各环节的精准式服务。"多极化服务"是积极利用移动互联农技推广服务云平台、农信通、农业科技网络书屋等信息化服务手段，提高服务效能。通过信息化服务手段运用，提高服务水平与质量。新型职业农民培养机构要成立新型职业农民跟踪服务领导小组，打造跟踪服务工作平台，即教师和学员、学员和学员之间建立 QQ 群；学员电话交流平台建立通讯录；学员面对面建立交流平台等，采取分乡镇会议集中指导、走访学员、电话回访、科技讲座、学员座谈和交流学习等多种形式跟踪服务学员，充分了解学员参加培训后的生产生活情况及对今后工作开展和学习内容的意见、建议，并解答学员们提出的关于农业生产实用技术等问题，对促进农业增产、增收起着重要作用。

## 五、绩效评价

开展新型职业农民培养绩效评价，这是检验培养机构对新型职业农民培养效果的试金石，也是不断完善培养方式的重要手段。

### (一)新型职业农民培养绩效评价指标体系的构建

2012 年以来，我国新型职业农民培养规模不断扩大，培养数量不断增加，科学构建以新型职业农民需求为核心的新型职业农民培养绩效评价体系，对进一步提升新型职业农民培养效果具有重要意义。

1. 新型职业农民培养绩效评价的目的

构建合理的新型职业农民培养绩效指标体系，采取科学规范的评价方法，从新型职业农民培养的投入、过程、产出及效果四个方面科学、客观、公正地评价新型职业农民培养绩效，为合理分配培养经费、优化支出结构提供依据，促进新型职业农民培养质量和水平提升，为确保国家粮食安全和重要农产品有效供给培养更多优秀的新型职业农民。

2. 新型职业农民培养绩效评价的范围、方法与内容

新型职业农民培养绩效评价的范围是新型职业农民培养管理

部门和具体实施单位。

新型职业农民培养绩效评价主要采取资料收集、现场评价及绩效评分相结合的方式进行。在资料收集上，一是按要求填写基础数据收集信息表；二是按要求回答面访及座谈会清单问题，形成纸质记录；三是向新型职业农民发放调查问卷；四是按资料清单整理收集相关资料。在现场评价上，评价工作组按一定比例随机确定现场评价对象，分组进行现场勘察，收集评价数据和数据资料。现场评价主要采取访谈、资料核查、问卷调查、专项资金审计等方式进行。在绩效评分上，评价工作组根据现场勘察情况和书面资料整理分析情况，围绕评价指标体系对培养绩效进行评分，撰写绩效评价报告。新型职业农民培养绩效评价的内容主要包括新型职业农民培养的投入、过程、产出、效果四个方面。实行新型职业农民培养绩效管、办、评分离制度，由人大、政协、社会机构等第三方实施绩效评价。

### （二）新型职业农民培养绩效评价指标体系框架

根据目前国家实施新型职业农民培养的有关政策文件精神，确定新型职业农民培养绩效评价指标，分为一级、二级、三级指标和参照值（见表4-1）。

表 4-1　新型职业农民培养绩效评价指标体系

| 一级指标 | 二级指标 | 三级指标 | 参照值 |
|---|---|---|---|
| 投入 | 项目立项 | 项目立项依据充分性 | — |
| | | 绩效目标合理性 | — |
| | | 绩效指标明确性 | — |
| | 资金落实 | 资金到位率 | 100% |
| | | 资金使用率 | 100% |
| 过程 | 培养实施 | 领导重视度 | — |
| | | 培养对象针对性 | — |
| | | 培养内容合理性 | — |
| | | 培养形式合理性 | — |
| | | 师资力量保障度 | — |
| | | 档案真实完整性 | — |
| | 业务管理 | 管理制度健全性 | — |
| | | 制度执行有效性 | — |
| | | 项目质量可控性 | — |
| | 财务管理 | 财务制度健全性 | — |
| | | 资金使用合规率 | 100% |
| | | 财务监控有效性 | — |

**续表4-1**

| 一级指标 | 二级指标 | 三级指标 | 参照值 |
|---|---|---|---|
| 产出 | 数量产出 | 培养人数实际完成率 | 100% |
| | | 培养时间实际完成率 | 100% |
| | 项目时效 | 完成及时率 | 100% |
| | | 验收通过率 | ≥90% |
| | | 培养对象合格率 | ≥70% |
| | | 优秀学员率 | ≥1% |
| | | 培养模式创新点 | ≥2 |
| 效果 | 经济效益 | 经济状况改善度 | — |
| | 社会效益 | 新品种(技术、模式)普及率 | ≥60% |
| | | 理念思维转变率 | ≥60% |
| | 可持续影响 | 后续跟踪服务完善性 | — |
| | | 跟踪服务率 | ≥60% |
| | 满意度 | 培养内容满意度 | ≥80% |
| | | 培养形式满意度 | ≥80% |
| | | 培养时间满意度 | ≥80% |
| | | 师资力量满意度 | ≥80% |

第五章

# 新型职业农民培养模式

模式是从不断重复出现的事件中发现和抽象出的规律及样式，具有可复制性和可推广性。近年来通过新型职业农民培养实践，各地都在积极探索新型职业农民的培养模式，可为高质量发展新型职业农民提供有益借鉴。

# 一、湖南省湘乡市"三联合""三平台"培养模式

## (一) 模式内涵

"校政联合",即培训基地根据当地政府和相关部门要求,围绕当地主导产业发展和农民致富需求,因势利导开展促进产业发展的需求培训。培训基地负责集中培训、外出观摩学习;当地政府负责生源组织、培训场地安排和实训基地沟通协调,协助开展全产业链培养和后续跟踪服务。

"校村联合",即培训基地以扶贫重点村、特色产业村、新兴产业村为重点,围绕"一村一品"和群众培训需求,将培训班办到农民家门口。培训基地负责室内培训、外出观摩等整个培训环节,村委会广泛收集各类农民培训需求,分类汇总,组织生源,适时开展培训,并协助做好新型职业农民培养跟踪服务。

"校社联合",即培训基地与农民专业合作社相结合。这些培训基地作为新型职业农民培育工程的实施单位,有多年的办学资质、成熟的办学经验,有充足的设备和师资队伍,具备新型职业农民培养的条件。农民专业合作社作为新型农业经营主体,所从事的产业具有较高的技术含量,可作为新型职业农民培养的田间课堂和实训基地。

"三个平台"即跟踪服务平台、"微信+"服务平台和流动服务平台,"三个平台"有机结合,零距离跟踪服务,无空间障碍教学,解除学员后顾之忧。

## （二）主要做法

### 1. 校政联合

湘乡市龙洞镇是湘乡市农广校农民素质教育示范乡镇，为提高该镇主导产业竞争力，发挥学校与政府双方优势，农广校与该镇共同研究制订培训计划，开展"菜单式"培训。农广校负责基础课和理论课教学，镇农技推广中心负责实践课教学、实训和跟踪服务等。通过几年的培养，龙洞镇建立起"土地银行+粮食（农机）+专业合作社+职业农民+服务体系"的新型规模经营模式，降低生产成本，解决职业农民后顾之忧，实现了多方共赢。

### 2. 校村联合

为方便农民学习，湘乡市农广校、农机化学校培训进村，实行"分段式、重实训、参与式"培养模式，根据农业生产周期和农时季节分段安排课程，强化分类指导，做到"一班一案"。金石镇益民村为增加农民收入引进蔬菜合作社，湘乡市农广校为助推该村产业发展，湘乡农广校从株洲农科所、株洲蔬菜基地和湘乡市农业农村局聘请专家、教授为基地工人提供技术培训，帮助合作社制订生产计划和销售方案，现场指导春季丝瓜育苗、夏季丝瓜采收与营销、秋季白菜薹病虫害防治、冬季蔬菜防冻减灾等"高、精、尖"时鲜蔬菜栽培技术，将培训贯穿整个生产环节。益民村为保证农广校就地开展培训的需要，在村部改建了一个能容纳80人学习的培训教室，精心筛选两家合作社作为学员实习实训场地。2015年，在益民村对80多名专业技能型新型职业农民开展

了为期一周的理论与实训相结合的专项培训，基地工人专业技能
得到很大提高。2016 年，两家专业合作社建立了互助合作关系，
联手做大蔬菜产业，成功带动 150 人就业，人均年收入 15000 元。
湘乡市农机化学校在中沙镇村开展以提高专业知识和生产技能，
能够适应现代农业产业化、标准化、规模化和集约化生产要求的
专业技能型职业农民培训，湘乡市农广校开展"送教下乡"活动，
让农民学科学、用科学，靠技术吃饭、凭产业增收，培养新型职
业农民 120 人。

3. 校社联合

　　湘乡市农广校通过调查摸底，掌握全市 772 个各类合作社的
情况，针对合作社现状，与合作社协商合作开展培训。合作社负
责学员组织，提供培训场所、实习基地、生产实践基地，农广校
负责统筹师资、具体培训和资料整理。湖南春梅蔬菜种植专业合
作社、湘乡市有志蔬菜种植专业合作社、湘乡市金超水稻种植专
业合作社等专业合作社，针对合作社负责人重点开展以市场营
销、专业合作社管理、财务知识等为内容的管理培训；针对合作
社技术人员开展以提高农业生产技能为内容的技术培训。在师资
选聘及授课形式上，既请专家讲授理论，又聘请本地"土专家"传
授实践经验。将省级农民田间学校湖南兴民农业有限公司、湘乡
市喜杨杨水果种植专业合作社、湘乡市新型职业农民实习实训基
地、湖南春梅蔬菜种植专业合作社(蔬菜)、湘乡市有志蔬菜种植
专业合作社、湖南益帆农业发展有限公司(水稻)、湘乡农之源农
业科技有限公司(休闲农业)和湖南绿庄现代农业发展有限公司
(立体农业)等新型农业经营主体作为全市新型职业农民培养实

习实训基地，在政策、师资、技术上予以扶持。新型职业农民在实训基地既可以学到技能，又有指导员现场解答疑难，实现了理论与实践的有机结合。

4. 三个平台

湘乡市为促进新型职业农民成长发展，巩固培养成果，构筑"三个服务平台"，服务新型职业农民。一是跟踪服务平台。对种养大户推行"2+1+3"跟踪培养模式，即一个技术指导员和一个行政帮扶员（驻村乡、镇、村干部）对接一个种养型新型职业农民，为其提供"二对一"全程跟踪服务和指导，服务3年。对农民专业合作和家庭农场经营者推行"1+10"跟踪服务培养模式，即聘请一批经验丰富的技术指导员开展跟踪服务，每个技术指导员负责同一个乡镇的10名学员的新品种、新技术推广指导服务。二是"微信+"服务平台。建立湘乡市新型职业农民微信群，上联专家，下联新型职业农民，横联农资供应商。许多跟踪服务指导员与新型职业农民学员结成微信好友，通过微信发布农业信息已成为技术指导员的一项工作"新内容"。目前，湘乡市22个乡镇（办事处）都建立了农技微信平台，全方位为新型职业农民服务。三是"流动服务平台"。充分发挥科技直通车作用，组织技术指导员到田间地头、农场、基地"零距离"服务，农民在家门口学到新思路、新理念、新技术，实现了学习、生产两不误。

## 二、湖南省长沙市望城区"五统筹"培养模式

### (一)模式内涵

以往长沙市望城区农民培训存在与很多地区相同的问题,培训部门包括教育局、劳动局、农业农村局、科技局、农机局等部门,这种多头管理的局面一方面使得培训资源过于分散,难以形成合力;另一方面也让农民眼花缭乱,不知道自己到底该去哪个部门培训。针对这种状况,望城区成立了由职业中专为牵头学校、区内职业学校、培训机构、乡镇农校和相关规模企业组成的区职教中心。区职教中心对全区成人教育实行统筹培训计划、统筹培训项目、统筹师资队伍、统筹培训经费、统筹考核评估"五个统筹"。职教中心改变了过去"九龙治水"的状况,农民培训计划、课程等都由职教中心统筹。政府每年240万元的培训经费由中心统筹,保障农民的培训资金。

### (二)主要做法

#### 1.转变培训理念

城镇化不等于农村"空心化",建设好农村的核心在"人",培训的理念就是让农民"就地培训、就地提升、就地致富、就地发展,让农民不再外出务工,让农民不再是一种身份,而是一种职业,推动他们由传统农民向新型职业农民转型,推动农民创新创

业。基于这种理念，望城区培训新型职业农民的一个思路就是紧密对接各乡镇特色产业，广泛开展"一乡一业、一村一品"所需的实用技术培训，自主开发和引进花卉、苗木繁育、特种水产养殖、有机蔬菜种植等技术，还广泛开展了农民SYB（创办你的企业）创业培训。

2. 适合农民需求

望城区及时根据产业调整需求进行培训，及时了解农民需求，在深入调查农民需求的基础上有针对性地开设课程开展培训。

## 三、湖南省常德市鼎城区"三结合""三联合"培养模式

### （一）模式内涵

常德市鼎城区紧紧抓住"水稻全程机械化作业"主线，坚持"农机与农艺、理论与实践、集中授课与自我学习"三结合，大胆尝试"政校企三联合"培养模式。抓质量、重效果、强跟踪，通过以点带面，典型带动，有效提升农民整体专业素质，切实解决"谁来种田、如何种田"的头等大事。

### （二）主要做法

1. 完善制度，改善服务

鼎城区上下形成"做培训就是做服务"统一服务意识，成立各

类新型职业农民培训小组,层层落实,各司其职,真正做到"靠制度管理人,用程序管理事"。

**2.强化师资,重视质量**

选派精干队伍,组建师资库,定期或不定期派人外出学习深造,聘请大专院校的农业专家、教授作为师资,提升培训档次,切实解决农民实际问题。聘请相关企业的专家为学员授课,传播最前沿、最实用、最顶尖的企业技术。邀请部分小有成就的种植大户、农机大户现身说法,介绍经验。

**3.培养方式,灵活创新**

采用政校企联合模式,与常德洰田机械举办的农机修理班、与十美堂镇政府和深圳易飞行公司举办的飞防手班、与常德宏瑞奇植保公司联合举办的合作社带头人轮训班,都是让"厂家与农户零距离接触",让学员率先掌握新机具新技术。通过课堂及现场教学,传授相关知识,让学员掌握相应技术,并摒弃了烦冗的基本理论的讲解,有效地抓住了关键环节和重点要领。通过外出实践参观、相互交流,学员深受启发,不仅开阔了视野,还有效地转变了观念。通过手机微信平台搭建各培训班群,快捷传递大量的农业科技信息。师资学员同参与、内行外行齐讨论,茶余饭后、课间课后相互交流,以此转变思维、增强信心。通过图片介绍、影像播放,提示风险、保障安全。农机操作班提示人机安全,水稻生产班提示规模风险,驾驶培训班提示安全意识的培养。为方便群众,根据农时合理安排学习时间。集中学习期间,统一安排用餐、住宿。学员吃得放心,住得舒适,学习起来当然安心、用心。

## 4.合理设置，突出特色

紧紧抓住"水稻全程机械化作"主线。以水稻机插为突破，以农机大户和合作社为重点，以生态农业为方向，开展各类培训服务。采取"分段式、重实训、参与式"教学模式。不过分强调学习期限，生产经营型培训班时间不超过 15 天，社会服务型培训班时间不超过 7 天，其他时间让学员多参与实践或相互交流。

# 四、湖南省石门县"四+"培养模式

## (一)模式内涵

"四+"培养模式是指"政府+部门"构建培养保障体系、"创新+帮扶"完善培养路径、"认定+激励"强化认定管理、"项目+金融"落地培养扶持政策。

## (二)主要做法

### 1.强化组织领导

成立石门县新型职业农民培育工作领导小组，由县长任组长，分管农业的副县长任副组长，农业农村、发改、财政等部门、乡镇(区)和国有农林场主要负责人为成员，每年开会 2~3 次，出台《石门县加快推进新型职业农民培育工作意见》，县财政每年配套新型职业农民培养经费 20 多万元。

**2. 完善培养路径**

(1)拓展"互联网+"与融资技能培训

石门县加大新型职业农民互联网与电子商务和融资技能的培训力度,每期培训班均增设了"互联网+"和邮储银行家庭农场(专业大户)贷款和再就业小额担保贷款期限、利息与还贷知识讲解。

(2)注重道德讲堂与典型示范引领

石门县在生产经营型新型职业农民培训班上,开展道德讲堂活动,专门安排培训学员到丰瑞乐家庭农场参观学习。通过听取"凤鹏行动·新型职业农民"资助项目获得者黄云华的创业经验,培训学员深受启发、信心倍增,纷纷表示要以她为榜样,以农业为职业,一步一个脚印地充实完善自我,争当时代弄潮儿。

(3)探索理论教学与参赛比武相结合

组织茶叶产业新型职业农民及其培养对象,参加石门县第一、二届现场手工制茶大赛,经选手们杀青、炒青、揉捻、翻炒、抖散……等工序展示,根据对茶叶外形、香气、汤色、滋味、叶底的综合评定,评出制茶大赛一、二、三等奖,让学员领悟到"学中做、做中学"的乐趣。

(4)开展县乡联动帮扶与绩效考核工作

石门县加强对新型职业农民跟踪服务台账上培训学员和指导老师签名与结对帮扶影像的考核,确保跟踪服务落到实处,提升结对帮扶的时效性、针对性。石门县20个县、乡联动新型职业农民培养结对帮扶小分队的农技、畜牧、农经专家,采取"微信+""QQ+""1+1""1+10"等多种点对点结对帮扶形式,结合农时农事，上门为新型职业农民及其培养对象开展技术指导、咨询服务，解决他们在农业全产业链中遇到的技术难题。

### 3. 强化认定管理

石门县根据《石门县新型职业农民培育认定管理办法》，依据现代农业发展对从业者素质和技能的要求，按照新型职业农民培养对象自愿申请、村居委推荐、乡镇初审、专家考核、县农业农村行政主管部门审核、公示等环节开展新型职业农民的认定工作，对认定申报者中拟认定为中、高级新型职业农民开展抽查，对茶叶、柑橘、养殖、水稻、蔬菜产业中符合条件的生产经营型新型职业农民认定对象予以认定。县委、县政府召开表彰大会，给予每名中、高级职业农民奖励，免费为每名新型职业农民订阅《湖南农业》，纳入县农技推广补助项目科技示范户管理范畴，享受农业科技示范户物化补贴，并对新型职业农民实行年审，一旦无法起到示范带头作用，将收回新型职业农民证书。

### 4. 落地扶持政策

（1）实施项目扶持倾斜

石门县把一些农业试验示范项目向新型职业农民倾斜，由相关部门派出技术指导员跟踪指导，积极从现代农业生产要素、经营模式、发展理念等方面，扶持发展农业特色产业园，为他们解决资金、科技推广方面的困难，促进区域产业结构调整、产业转型升级、农民增收。此外，石门县始终将水利、农开、国土、农业等部门的项目建设，特别是基础设施建设项目，突出向新型职业农民倾斜，为他们解决生产中的水、电、路等问题。

（2）打通金融扶持渠道

石门县金融部门为支持新型职业农民培养，通过改进工作方式、创新信贷品种、推出"农房新政"、精简贷款流程等举措，解决新型职业农民贷款抵押难问题。石门县信用社和邮储银行为"公司+基地+农户"生产模式和新型农业经营主体贷款，支持新型职业农民产业发展。

第六章

新型职业农民培养案例

新型职业农民培养，一方面需要政府的扶持，提供技术、培训和政策；另一方面需要在实践中观摩学习，通过传帮带作用，不断提高新型职业农民的农业生产、经营和管理水平。

## 一、追梦，在希望的田野上
### ——记湖南省岳阳县新型职业农民董敏芳

从远古走来，奔流不息的游港河孕育了一方古老而年轻的"鱼米之乡"。

从硝烟中走来，巍峨挺拔的笔架山激励着一批又一批笪口儿女奋勇前进。

六年来，董敏芳作为新型职业农民，以她的大担当、大气魄，给这方热土注入了崭新的活力；以她的大智慧、大手笔，在家乡的田野上书写了追梦新时代的壮丽诗篇。

规模化生产：一粒稻谷从"种子"走上"餐桌"，实现了
全程机械化

大学毕业后，董敏芳在海尔、通程等企业做了十几年高管。2013年开始，她回老家种田，先后成立了润升水稻专业合作社、丰瑞农机专业合作社，并被选为理事长，发展至今已投资近3000万元。

为了做好服务，合作社成立了社会化服务中心。育秧、机耕、施肥、机插、飞防、收割、仓储、烘干……社会化服务中心实现了"一条龙"式的机械化服务。

800平方米的育秧工厂是岳阳市唯一的智能育秧基地。工厂配备了两条SP育秧流水线，可实现自动播种、施肥、喷灌、智能控温等现代化育秧作业。

中心配置有多套旋耕机、插秧机、收割机、拖拉机等设备，除了能轻松完成合作社田间所有"农事"外，还对周边 50000 亩水稻基地实行服务全覆盖。

从牛耕到机耕，从"栽禾"到抛秧，再到机插，从手摇式喷药到"飞防"，董敏芳带领乡亲告别了日晒雨淋的苦和累。

近万吨仓容量粮仓、4 个筒仓全部实行机械化、自动化，优化了装卸流程，消除了繁重的袋装作业，极大地提高了效率。

中心 10000 平方米的晾晒坪，综合处理能力 260 吨/天的烘干线，彻底解决了农民晒谷难的问题。2017 年合作社为本社之外的农户烘干稻谷 7000 多吨，2018 年近 8000 吨。

"2019 年，合作社新上大米加工厂，集中育秧、统防统治、农机服务、粮食烘干、粮食仓储、品牌营销、庄稼医院和农民培训八大服务板块建设全部完成，已经形成产前、产中、产后全程一体化的粮食产业服务链。"董敏芳深邃的目光里充满了自豪。

完善的设施设备，强大的服务功能，真正实现了一粒稻谷从"种子"走上"餐桌"的全程现代化。

"过去种二十亩忙不过来，现在种五六十亩都觉得有蛮闲。"大塘村的李仁勇边说边开心地笑了。

在董敏芳引领的新业态下，种田更省工、省力、省心，不再是粗活、脏活、累活的代名词。

集约化经营：不是要赚老百姓的钱，而是帮老百姓赚更多的钱

成立合作社，董敏芳的脑海里只有八个字：务实、创新、奉献、共赢。

目前，合作社拥有流转基地 3800 多亩，托管服务超过 50000

亩。托管基地采取"合作社+农户+基地"运营方式，实行"五统一"：优良品种、绿色防控、机械化服务、订单收购、品牌销售。

"合作社采取'五统一'模式，不是要赚老百姓的钱，而是要帮老百姓赚更多的钱。"董敏芳掏了心窝。

育秧工厂能为50000亩水田提供机插秧苗。秧苗粗壮，抗病力强，带土入田生长快。集中育秧迈出了丰收的第一步。

采用施肥机施肥优点多：减人工；减三成肥料；深施肥利于环保；抑制杂草生长；亩增产100多斤；千粒重增加6%。这些都是看得见摸得着的好处。

基地实现"飞防"，推广点灯诱蛾、性诱剂等绿色防控，农药减量，粮食增产，确保了品质安全。

合作社特别重视优质稻种植。玉针香、桃优香占等品种覆盖率达到了100%。一亩田可增加200元收入。

"只有优质才能高价，才能带领老百姓赚更多的钱。"董敏芳微微一笑，"做好这项工作必须打品牌战略。粮食生产要从'吃得饱'转向'吃得好'。"目前，合作社的"田宝宝"品牌已远近闻名，而且带动了全县优质农业品牌的不断增加。

董敏芳，凭借她的睿智，敏锐地把握着粮食生产的方向，通过规模化生产、集约化经营、品牌化战略，大大提升了种田的整体效益。

据统计，2018年合作社直接解决就业20余人，创造劳动用工3000多个。

2016年以来，合作社先后被评为"洞庭湖区现代农机合作社示范社""国家级农机合作社示范社"。董敏芳个人荣获"岳阳市三八红旗手""省级种粮大户"称号。

*数字化管理：脚不沾泥，手不碰水，告别"面朝黄土背朝天"*

庄稼之人不得闲，面朝黄土背朝天。这是几千年来中国农耕情景的形象写照，写尽了种田人的劳累艰辛。

进入"互联网+"时代，董敏芳与她的合作社，沐浴着新时代"惠农"东风，引领乡亲们在科技兴农的道路上大踏步前进。

"机械化，只是我们在现代农业道路上迈出的第一步，目前我们正着力数字化管理，打造'智慧农业'。"董敏芳自信地介绍。

2018年，在智能育秧的基础上，合作社投资220万元，以"高效节水灌溉系统"为主攻项目，"四情"监测系统、农产品质量追溯体系同步上线，建成了岳阳市首个全过程远程监控。远程控制的900亩智慧农业示范基地，实现了跨越式发展。

基地用水通过沟渠从水库引水，在泵房实现水肥一体化。泵房抽水机开关通过手机App端控制。供水管网系统建在地下一米深处，田间供水也由手机App端操作阀门控制。

智慧农业控制中心由监控系统搭配气象系统组成，在实现农田生产现场可视化前提下，实时检测产地的风速、雨量、温度、湿度、气压、风向和光照度等信息。管理员通过控制中心下达的指令，通过移动App端口操作，执行远程一键供水。

作为实现产品全程质量追溯系统的重要环节，智慧农业云平台则进一步对接厂区和基地，实行同步监控。

"问渠那得清如许，为有源头活水来。"示范基地的"活水"是智慧之水，是科技之水。

*人性化发展：特别的爱给特别的你，共同富裕的路上
一个也不能少！*

大学毕业后，董敏芳先后在海尔、通程等企业担任高管，并在城市落户成家。2013 年，她重回乡下落户，在乡村种田。当时许多人不理解，董敏芳都付之一笑。

"为什么我的眼中饱含泪水，因为我对这片土地爱得深沉。"艾青的名句是董敏芳毅然放弃优越环境做一个农民的最好注脚。

创业初有小成后，她想到了乡亲们。特别是贫困的父老乡亲是她最扎心的牵挂。

"以合作社为依托，带领乡亲们奔小康，不能让一个贫困户掉队！"董敏芳是这么想的，也是这么做的。贫困户都能从服务中心领到"爱心大礼包"：粮食收购价格比国家粮食最低收购价格高 40 元/吨，每吨还补贴运费 40~60 元；育秧和粮食烘干费用优惠 10%~20%；特殊对象免费送复合肥。

"我今年 65 岁了，幸亏董老板喊我做事，4 年拿了 50000 多元的工资。"说到董敏芳，大塘村的老李充满了感激。合作社不仅为贫困户开启"优先用工"之门，而且每个工要多付 20~30 元。

合作社还鼓励贫困户养猪。大塘村 78 户贫困户凡是养猪的，养一头猪就送 100 斤节米，最多的户头送了 400 斤。两年时间合作社送出的节米不下 30000 斤。

有 10 户特别困难的乡亲，董敏芳动员理事成员一对一帮扶。理事长与总经理每人 3 户，两位理事各 2 户，竭尽全力帮他们走出困境。

"不仅要脱贫，还要让每一个贫困户都富起来！"这是董敏芳

给自己定下的目标，也是她扶贫的初心。

"衣带渐宽终不悔，为伊消得人憔悴。"返乡创业六年，董敏芳收获了喜悦，但更多的是苦和累。可是，一想到乡亲们开心的笑脸，洋溢在眉宇间对生活的自信，董敏芳觉得再苦再累也值得。

2016年，董敏芳被评为岳阳县精准扶贫大型公益慈善活动"爱心大使"。

2017年，董敏芳获评"岳阳县年度最美扶贫人""岳阳市巾帼英才"，并当选为湖南省人大代表。

2018年，董敏芳当选湖南省"最美扶贫人"。9月20日，作为全国种植大户代表，参加了国务院"首个农民丰收节"中外记者会，分享了她和乡亲们的丰收故事。

2019年，获评"岳阳市劳动模范"和"湖南省百名优秀学员"称号。

2020年，获评第三届"湖南省十佳农民"。

"与乡亲们一起努力，让这片土地成为安居乐业的美丽家园。"董敏芳种田铁了心。

奋斗，在乡村振兴的幸福中！

追梦，在希望的田野上！


## 二、稻花香里赤子心
### ——记湖南省临湘市新型职业农民张兵驹


惊蛰。午后。广袤的湘北平原上，青绿中已泛出点点金黄，就像油画家着意挥洒的风景。

在风景一隅，一座平房四合大院的大门上，挂着两块牌子——临湘市召丰水稻种植专业合作社、临湘市兆丰农机专业合作社。大院中育秧车间，机器正在轰响，长长的流水线上，育秧盘在流动；院后是方正平整的秧田，一条 50 米长的秧盘传送流水线正灵活地运转，一片片已在车间发芽的育秧盘，被整整齐齐地铺到秧田的厢面上……

此外，大院里还有办公室、农家书屋、农民大讲堂……

真的没想到，田，还可以这样种！农民，还可以这样当！

更没想到的是，莳弄着 4000 多亩土地，拥有育秧工厂、烘干房、仓库等建筑面积 6000 多平方米，办公培训场地 3000 多平方米，顶着"全国百名杰出新型职业农民""全国种粮大户""岳阳市农村实用人才带头人""临湘市劳动模范"等一串长长头衔的大能人，就是临湘市新型职业农民——张兵驹。

回归"三农"，难舍故园大地的深情

1969 年，张兵驹出生在原临湘县源潭公社高桥大队的一个农民家庭，1988 年高中毕业后，在镇农具厂当技工，后承包农具厂，自主经营农具与家具生意，逐渐成为远近闻名的"小老板"。

他本可以沿着这条路一直走下去，成为一个成功的商人，但一次偶然的机会，让他人生的轨迹发生了巨变。

2011 年春节，张兵驹回老家陪父母过年，看到公路两边大块的良田抛荒，心中特别不是滋味。年夜饭时，父亲告诉他，因为村里的年轻人大多外出打工去，留在家里的全是老人孩子，好多田地都没人种了。

这一夜，他躺在床上听到村里此起彼伏的鞭炮声，辗转反侧，无法入眠。一个大胆的想法，突然闯进他的脑海——回家种田！

整个正月，他跑上跑下，了解政策，收集信息，争取妻儿支持，毅然投资 30 万元，流转耕地 200 亩种植一季稻。从播种到收割，他日夜守望，由于不懂技术，年底一算账，竟然亏了 10 多万！这时，妻子埋怨，儿子嘲讽，并一致提出回头做家具生意。张兵驹这时也很矛盾，也想放弃，但一年来，他与脚下这片土地已经产生了无法割舍的情怀！这时，政府的领导来了，农业农村局的技术员来了，给他鼓劲，提供政策支持，作出技术承诺，特别是他看到了中央出台的系列惠农强农政策，他的心再一次变得像大地一样坚实！

在农业农村部门参加了短期的技术培训后，2012 年，他再次承包 650 亩水田种植双季稻，在农业农村局技术骨干的指导下，通过精耕细作、精心管理，当年粮食总产 580 吨，获净利 20 多万元！

为了成为一个真正的新型职业农民，他将目光投得更高更远！他自费到湖南农大学习，拜农大的水稻专家为师，聘请他们当顾问，将目标锁定绿色水稻生产方向，走产业化道路。

到 2018 年，他流转水田规模达 4000 多亩，购置水稻生产机械达 50 多台套……形成了水稻生产、稻虾套种、惠农服务等多种模式齐头并进的现代农业综合体。

经过张兵驹的改造，低产田变成高产田，种粮效益一年比一年强，他也一举成为全国种粮大户、临湘农业发展的带头人！

## 科技创新，插上农业腾飞的翅翼

如何才能成为一名体面而快乐的新型职业农民？只有彻底颠覆传统的农业模式，走现代农业发展之路，才会破茧成蝶！通过几年的摸爬滚打，张兵驹算是深谙了其中的道理。

他聘请了国家杂交水稻工程技术研究中心清华深圳龙岗研究所研究员、博士生导师、袁隆平院士的高足武小金担任首席顾问，聘请了湖北省农科院高级农艺师姚本焱、岳阳市农业委员会高级农艺师冯盛华、临湘市农业农村局高级农艺师李学芳等担任技术顾问，常驻基地进行技术指导，将博士工作室设到了基地，将培训班开到了田间。他按照水稻生产的育、耕、插、管、防、烘、销等流程进行精细分工，确保各项先进实用技术的运用。

为了提高水稻种植科技水平和机械化程度，张兵驹先后投入资金 600 余万元，购置耕整机、插秧机、收割机、拖拉机、无人植保飞机 50 多台套。新建快速齐苗催芽密室 120 平方米，育秧流水线成套设备 2 条，烘干成套设备 10 组。水稻生产全程机械化率达到 95% 以上，各类农机日作业能力均达 600～1000 亩，机烘 150 吨，育秧服务能力达到 10000 亩以上。突破了生产实际中农村劳动力缺乏的瓶颈。

## 抱团发展，夯实乡村振兴的基石

为了带领乡亲们闯出农村一片新天地，张兵驹利用自己资源与市农业农村局共建农民培养基地，示范带动周边农民共同致富。2013 年，注册成立了"召丰水稻种植专业合作社"，2014 年注册成立了"兆丰农机专业合作社"，通过合作社标准化生产管理方式，对成员开展水稻种植与农机全程服务，实行统一供种、供肥、播种、耕整、育秧、病虫防治、收割、收购和销售，严格按照技术规程进行标准化生产。加入合作社"六个统一"服务的农户，亩平增收节支 80 元以上。2017 年合作社经营收入突破 1500 万元，成员得到的盈余返还达 200 万元，平均每个成员收益达 1.5 万元。

2017 年，张兵驹与市供销社合作成立了"聂市镇农民专业合作联社"，受镇政府委托成立了"聂市镇惠农服务中心"，一个服务"三农"、振兴乡村的综合服务体系全面形成，张兵驹抱团发展的理念正在一步步实施。

穿行在如诗如画的长江之滨黄盖湖畔，看着眼前的湖光山色、绿野金浪，张兵驹深情地说："看得见青山绿水，闻得到瓜果稻香，全程机械化种田，引领乡亲共同致富，这就是一个新型职业农民最大的愿望与快乐！"

## 三、打造稻鳖生态种养模式，走绿色高效农场发展之路
### ——记湖南省浏阳市新型职业农民孔蒲中

"可上九天揽月，可下五洋捉鳖"，被评为全国百名杰出新型职业农民的孔蒲中年少时对鳖的兴趣就来源于毛主席这首《水调歌头·重上井冈山》里的这一句诗，热血青年就因偶像的这句诗而游历四方河流，直至白发丛生仍心志不改。现如今 57 岁的孔蒲中依然斗志满满，对稻田养鳖综合生态种养模式精益求精，面对顾客的不信任，孔蒲中都是耿直应对："你不信我养鳖，我就现

场抓给你看，你不相信我的鳖是生态的，你若在农场找到一颗饲料就任你处置。"每年由各部门抽检的产品，检验报告会公开展示，因孔蒲中朴实耿直的形象和日益累积的口碑宣扬，产品不打广告、不推销也供不应求。在党的富民政策引导下，凭着心中坚定的信念和原则，孔蒲中将事业越做越好，得到了政府领导和社会人士的认可。孔蒲中被推荐代表全国农民进京参加 2019 年 1 月 31 日中共中央政治局常委、国务院总理李克强主持召开的座谈会，听取教育、科技、文化、卫生、体育界人士和基层群众代表对《政府工作报告（征求意见稿）》的意见建议，座谈会上孔蒲中向总理汇报了现代农业发展所面临的困境与生态农业发展的前景。孔蒲中一步一个脚印稳扎稳打，从一位普通农民到网上搜索"孔蒲中"就能了解其发展史的"网红农民"。

### 坚持信念是农民的固执

20 世纪 90 年代初的鳖价处在"天价"的阶段，一只鳖能抵一头牛，孔蒲中凭着自小累积的抓鱼经验白手创业，从四方河流抓鳖放入池塘养殖，孔蒲中对鳖的习性非常了解，因而养殖很成功。丰收的喜悦却遇上了 1995 年的一场大水，这一场洪水冲走了孔蒲中所有心血，损失几万元，面对失败的孔蒲中感慨一声"取之于自然，回归于自然"。

孔蒲中常年热情好客，因出门买菜招待客人不方便而烦恼，突然，孔蒲中想："我把鳖、鱼、螺蛳、泥鳅、黄鳝这些水产全放在田里养着，来客人就只要在田里抓，这样就方便多了！"为实现自己的愿景，孔蒲中吸取 1995 年洪水的教训，将田围起来后，又开始划着小渔船在各大小河流跑。抓到了不少鳖、鱼、泥鳅、黄鳝等，相继放入稻田里养着，不但没死，孔蒲中还发现在稻田里的鳖不打架了，鳖不打架就不会因为感染而死亡，这一发现让孔蒲中信心满满。但他没有把握好数量，投入多了以后，孔蒲中发现鳖又开始打架了。孔蒲中一下惊醒了，他减少鳖的数量，后来在日常巡视的过程中孔蒲中发现了鳖的蛋，这可把他高兴坏了，他马上在池塘小岛上铺上沙子，将鳖的蛋一个一个地安置好。一段时间后，看着小池塘里的小鳖苗晒太阳的样子心中感慨万分，繁殖就意味着成功，孔蒲中稳扎稳打慢慢地将产业扩大，到2014年发展"水稻+鳖"模式40亩，注册了"浏阳市孔蒲中家庭农场"，注册资金60万元。2016年孔蒲中前往湖南农业大学参加"长沙市新型职业农民'水稻+'稻田生态高效种养专题班"后将模式全面整改，扩大至80亩，2017年扩大至120亩，实现当年净利润55万元左右，到2018年已发展至200余亩，农场发展模式有传统模式、"水稻+鳖"生态种养模式、稻渔综合种养生态循环模式、稻鱼果菜畜立体生态种养模式。多年来孔蒲中精益求精的信念，将有限的稻田资源无限发展放大。

## 质量安全是农民的原则

农场发展"水稻+"综合种养生态循环模式面织约200亩，主要以"水稻+鳖"为基础，再将附属产品鱼、泥鳅、黄鳝、螺、鸡鸭、绿色蔬菜、果树等逐步投入，利用农田种植、养殖相结合的稻鱼综合种养模式形成的综合生态循环系统达到技术控草，使土壤和水体改善，减少有害生物的存活率，形成了微妙的以鳖为食物链顶端的小型生态食物链。在稻谷产量不变甚至增产，以及增加鱼类产出的情况下，大量减少了化肥和农药的使用；"稻田种养生态结合循环农业"模式不但孕育了健康的水稻，更成为推进当地农业和水产生产发展、增加农民收入、改善稻区水产区农业生态环境的重要途径；实现了高效益、高品质的"一亩多产，一地多收，一站式购买"。

把控质量安全主要采取两种措施，坚持一个理念：

一是采取物理防护：使用杀虫灯除虫害，割草机除田埂过盛的杂草。

二是采取生物防护：采用冬春两季"变田为湖"技术抑制杂草生长与消灭虫害；采用"三军列阵"的绿色生态生物防护系统，水稻上有绿色生态生物防护代表的蜘蛛为"空军"，水面有绿色生态防护生物代表的鱼类为"海军"，陆地上有绿色生态生物防护代表的青蛙为"陆军"，有效消灭田间虫害。

三是坚持农场经营理念：坚持绿色生态种养循环农业。将稻田底栖动物、水生昆虫、灯光诱虫和腐殖质、有机碎屑、植物嫩芽等作为食物饲养鳖，将鳖和混养水生动物排泄的粪便作为水稻的有机肥料，同时积极为稻田除草、灭虫以维护稻田生态。由此产出的鳖和稻谷等产品都可达到绿色或有机食品的标准。

### 无私奉献是农民的良心

孔蒲中在所在村组选举组长的时候因太过忙碌和对自己文化知识不自信而三番五次拒任组长，却因人品广受好评，三次全票选为组长。担任组长后，他开始收集村民意见，能自己解决的他自己解决，不能解决的积极上报，组织修水利、修路、荒田开发等，村民对他赞誉有加，听到有人反映附近河流快没鱼了，孔蒲中便每年把鳖苗、鲫鱼、鲤鱼、草鱼等悄悄投放到附近的浏阳河里，孔蒲中说："饮水思源，取之于自然，就要归还本源，河流没有鱼，就像没有了我的童年。"

家庭农场以家庭成员为团体，人心团结，有利于农业长远稳定的发展，有效减少农村留守儿童现象。孔蒲中经过近十年的探索，对稻田多层次生态种养从理论、技术、经验和示范等方面的认识日益成熟，所自创的发展模式非常适合运用于家庭农场。孔蒲中在技术方面从不藏私方法，他认真教学，让广大学员和周边农户及养殖大户看到了优势与效益，起到了很好的带头示范作用，有效地消除了农户的疑虑，推动了稻田生态种养的发展和家庭农场发展。在日常生产过程中，通过长期收购鱼类的饲料、雇佣劳动力等方式直接增加周边农户收益，并在湖南、湖北、江西等地区推广发展"稻鳖模式"100余户。

2016—2018年，孔蒲中为湖南生物机电职业技术学院、湖南农业大学派来的学员在田间进行实地培训，培训总人数超过10000人。孔蒲中还在农场接待菲律宾、印度尼西亚、越南、老挝等农业部官员进行学习交流和农技探讨；接受长沙县农业农村局、浏阳市农业农村局、渌口区农业农村局、宁乡市农业农村局等组织的各乡镇学员和现代青年农场主来农场，孔蒲中也在田间实地进行培训；孔蒲中受浏阳市农业农村局的邀请，在古港农技站举办的"新型职业农民'水稻+'培训班"、社港镇举办的"2017年长沙市新型职业农民培训工程农业专项技术培训班"、南方粮油作物协同创新中心举办的"2017年稻田多熟制现代化生产技术培训班"进行技术经验分享讲座和农场实地讲解。

### 认可赞誉是农民的动力

孔蒲中在湖南农业大学"水稻+"培训班学习中不但顺利完成

学业，还荣获了"优秀学员"证书。经湖南农业大学及湖南生物机电职业技术学院的多位教授和专业人员现场实地参观考察后，孔蒲中家庭农场获得了湖南农业大学颁发的"湖南农业大学农村区域发展系生态种养产学研基地"的认可授牌及湖南生物机电职业技术学院颁发的"湖南生物机电职业技术学院现代农业实地培训基地"的认可授牌；经湖南生物机电职业技术学院老师观察孔蒲中教学方式和成果一年后，颁发了"湖南生物机电职业技术学院新型职业农民与创业致富带头人培养实训基地"认可授牌；农场还获得"湖南省家庭农场认定证书""省级示范家庭农场"，孔蒲中获"长沙市生态农业杰出领导人物奖"，并受政府邀请参展2017 中国中部农博会、登刊全国农经类核心期刊《农村经营管理》。

## 四、发展优质稻全产业链，助力产业脱贫
### ——记湖南省永顺县新型职业农民向先金

*回乡创业，探寻"颗砂贡米"发展方式*

2003 年 3 月，被评为全国百名杰出新型职业农民的向先金离开永顺县外资外援办前往湖南省杂交水稻研究中心工作，师从全国著名水稻栽培专家马国辉老师从事水稻遗传育种与水稻强化栽培。

2007 年，他从湖南省杂交水稻研究中心回到家乡创业，只为一个梦想：让"颗砂贡米"土家农耕文化大米走向世界。"颗砂"

并不是一个平凡的地方，是土司王的"新司城"，这里的大米是源自公元 907 年的贡米。

2008 年开始农业生产资料经营和土地流转，他尝试运作"颗砂贡米"，通过农资经营的短期效益补充"颗砂贡米"长线运作资金，探索山区农业产业化道路。

创业开始，向先金就立志振兴"颗砂贡米"，做大做强现代农业产业，通过复活"颗砂贡米"品牌带领父老乡亲一起致富。解决当地大米加工设备差、生产成本高、农民品质意识差、商业化运营难度大等困难，做规划、搞调研、深入农户中去，引导农民致富，走生态农业全产业链，是振兴"颗砂贡米"的唯一途径。

2013 年，他注册成立了湘西金品农业科技开发有限公司，并注册了"颗砂贡米""土司王朝香米"商标。依托基地，流转土地，运用新技术，引导农民进行优质水稻生产。同时开展农作物病虫害综合防治工作，快速发展安全农产品生产。2015 年，湘西金品农业科技开发有限公司在湘西州率先引进无人植保飞机，实现"飞防"，为把湘西人的饭碗端在自己手上形成助力。

2013 年，习近平主席来湘西调研时在花垣县十八洞村提出了精准扶贫，这是机遇也是挑战。复活"颗砂贡米"是向先金的梦想，也是所有颗砂人民的梦想，紧紧抓住精准扶贫机遇，实现产业与农户多方盈利有很多路要走。

依托精准扶贫东风，做大做强"颗砂贡米"产业

2015 年，向先金带领 386 名农户一起组建了"永顺县和顺现代农业专业合作社"，其中建档立卡贫困户 121 户 552 人。依托"颗砂贡米"产业，他不断创新经营模式，找到一条适合合作社与

农户多方得利的可持续性发展之路——立足高端，走"种、养、加"循环利用的方式，通过发展"稻、鸭、鱼"生态种养模式，重塑水稻生产田间生态系统，发展生态立体农业，坚持标准化生产，实现有机农业规模化种植。

在与贫困社员特别是特困社员的合作方式上进行创新，改变以前纯粹发动号召贫困户脱贫的方式，吸纳部分贫困户、特困户在合作社长期工作，实现从贫困户到合作社产业工人的转变。合作社吸纳的第一批贫困户中卢光炎身高不到1.3米，不能从事重体力工作，父亲长期重病卧床，弟弟还在读书，是颗砂乡颗砂村的特困户。合作社根据其自身强烈脱贫愿望，与其签订劳务合同，正式转换成合作社的产业工人，在合作社的年纯收入不低于3万元。

*发挥合作社带动作用，实现从"以点"到"以面"的改变*

2015年，在合作社构建的"稻、鸭、鱼"种养模式带动下，入社农户与合作社走上种养集合模式，并签订了高于市场价格15%的销售合同。2016年，合作社通过免费为贫困户发放1万尾稻花鱼苗，实现了入社贫困户"稻、鸭、鱼"综合种养200亩，亩均增收1500元；实现了稻田养鸭600亩，亩均增收600元；免费给贫困户发放油菜种子2000亩，实现了油菜冬种1000亩；免费给社员发放蔬菜种子4000包，实现了部分蔬菜自给；通过"九代"服务，实现了为社员服务3000亩，亩均节本增收250元。

2016年，为了让每个入社群众感受到新技术，感受信息化体验，降低农业生产成本，农户能主动提升农产品附加值。全州率先引进"田田圈"农村电商平台，指导农户通过实体店体验、手机

App 客户端下单实现网上交易，同时指导农户通过手机客户端把农产品挂到网上，卖到城里去，实现双向收益。

2017 年，合作社创新模式，与太平村签订了 1000 亩的整村推进产业脱贫合同，涉及贫困户 143 户。通过村集体流转 1000 亩稻田，村集体每年实现收益 4 万元。合作社在村里流转的稻田中，通过争取资金或自己出资，给流转土地的农户免费提供鸭苗、鱼苗，让其在合作社流转的稻田中进行稻田养殖，优质稻归合作社，稻田养殖收益归参与管理的贫困户，每亩增收 1500 元，所有生产用工聘请太平村的贫困户。通过稻田养殖及临时用工，2017 年带领 65 户以上农户实现脱贫。

科技助力，助推"颗砂贡米"全产业链建设

2017 年，在"三区人才"湖南省农科院土肥所高粱中心曾贤杰老师及其团队的对口帮扶下，开始在湘西地区推广两系糯高粱，通过糯高粱与"颗砂贡米"加工副产品酿造"神糯贡米酒"实现了产业延伸，增强了市场竞争力。

2018 年，向先金免费为永顺县颗砂乡旭东村 27 户建档立卡贫困户提供 100 亩的高粱种子及肥料，实行保护价格回收，确保社员每亩产生纯利润 1500 元，为旭东村的精准扶贫添砖加瓦。同时与湖南省农科院驻旭东村扶贫工作组达成协议，免费给建档立卡贫困户发放鸭苗，也实行保护价回收。合作社与扶贫工作组一同开发市场，利用湖南省农科院的技术支持及品牌资产，每销售 1 袋湖南省农科院精准扶贫专用"土司王朝香米"，向先金便为旭东村捐赠 1 元，用于旭东村产业扶贫专用资金；每销售 1 只"稻花鸭"，便为旭东村捐赠 5 元，用于旭东村产业扶贫专用资金。

### 厚积薄发，蜕变升华

从 2013 年开始，在永顺县农业农村局、州农委的大力支持下，向先金及所领导的合作社一步步走向正规化。特别是 2015 年在永顺县农业农村局组织的新型职业农民培训中得到了思想上的升华，2016 年通过向北京的新型职业农民学习及后面的多期新型职业农民培训，从思想上、认识上不断蜕变，也实现了合作社从相对分散的农民合作组织向市场化、正规化的公司转变。2018 年，向先金多方筹集资金 1000 万元，组建了湘西盛世御品农业发展有限公司，以"公司+合作社+农户"的模式，实现了从生产到加工、销售、电商等优质稻全产业链建设配套工作。

### 勿忘初心，始见曙光

每一天的忙碌都能看到希望，每一天对田间地头的深入都能让人成熟。"颗砂贡米"复兴之路是每个土家儿女的幸福梦想。"颗砂贡米"这颗散落在武陵山区的明珠，在向先金及其合作伙伴的努力下经受洗礼。向先金的"颗砂贡米"全产业链建设带领着社员走向产业脱贫的道路，各种荣誉纷至沓来，"颗砂贡米"产业链正不断完善，省、州、县领导也纷纷送来亲切关怀。"颗砂贡米"这颗土家农耕文化的明珠在市场经济的大潮中闪耀着荣光，在产业扶贫中结出的硕果焕发出光芒。

## 五、职业农民学员引领产业发展
### ——记湖南省渌口区新型职业农民易加春

七月初，正是湖南省渌口区加春葡萄种植农民专业合作社早熟葡萄上市的旺季。

太阳刚刚露出笑脸，加春葡萄园就呈现出一派繁忙景象，创业培训学员加春合作社董事长易加春望着一串串倒挂金钩般的葡萄，兴致勃勃地将一箱箱葡萄装车外运。

易加春是远近闻名的葡萄种植大户，别看他才 39 岁，却有着 17 年的葡萄种植史。17 年来，他用"滚雪球"的方法，硬是"滚"出了 6 个标准化葡萄园，面积达到 228 亩，正常年景可产鲜果 34.2 万公斤、葡萄酒 3100 公斤、种苗 12 万株。实现总产值 1177 万元、纯利 390 万元。

1996 年，易加春参加农业农村局组织的培训，得到了一份介绍藤稔葡萄栽培技术的资料，当即动了心思。他随即按要求向湖北天门的种苗基地汇去 160 元，购回 20 株。第三年挂果了，产葡萄 200 多斤。尝到甜头后，他在自留土里种植了 10 亩藤稔，办起了第一个葡萄园。

一天，他发现葡萄苗叶片泛黄，不长蔓，急得四处求援。县农业农村局得知情况后，立即组织专家前去指导，为他解答了这个问题。于是，他用往土里"掺沙子"的方法改良土壤。结果喜获丰收，淘到了人生第一桶金。

赚到钱后，钱该往哪儿花？他的父亲说："老房子早该翻新了。"易加春则另有打算。原来，他早就相中了村里的一块地。于是，他做通了父亲的工作，筹划再建一个葡萄园。可这一"扒拉"，起码得 20 万元，手头现有的这点钱远远不够用。

这时，有人提醒他去找县有关部门争取项目资金，易加春摇摇头说："自己的困难自己解决，不麻烦国家。"好在家人理解他，父母、妻子、女儿纷纷凑份子，才解了燃眉之急。

2000 年，占地 30 亩的油圳葡萄园拔地而起。

2004 年，易加春成为农村劳动力阳光工程培训学员。学习期间，他得到"夏黑"葡萄销路好、价格高的信息，当即引进了 1000 株种苗，在株洲市芦淞区南华村租地 30 亩，办起了南华分园。由于紧邻市区，销路出奇地好。特别是节假日，客户纷至沓来，现摘现卖。

2006 年，旭日分园建起来了。

2010 年，南阳桥分园建起来了。

有人劝他"见好就收"，家人也不主张他继续扩张。然而，易加春说他要走出渌口区，走出湖南省。

2010 年底，他利用参加全省农民创业培训班的机会，四处考察，最终选中了长沙县榔梨镇金托村这块风水宝地。

多年来，易加春始终怀着一个梦想，那就是将葡萄园在做大的基础上做强、做优。

2012 年，经国家商标局批准，他成功注册了"加春"葡萄商标。

6 个连锁葡萄园全部实现了嫁接育苗、避雨栽培、水肥滴灌、果穗套袋、二次挂果、绿色防控。规范化管理、标准化生产，他的葡萄园成为市民休闲、观光的首选去处，是游客采摘的乐趣园。葡萄种植品味提高了，产业做强了，销售做活了，利润率提高了。

如今，易加春的"雪球"越滚越大，已身价千万。

易加春成功了。他的成功在于发扬"滚雪球"精神，将上一个园赚的钱，用于建设下一个园，将积累的资本扩大再生产。下一步，他还要把"雪球"滚到广东去，现已在清远市洽谈了土地承租事宜，再建"加春七园"。

易加春成功了。在他的引领下，全县发展葡萄种植 4700 多亩，创产值超亿元，成为渌口区水果产业龙头。

## 六、渌口区稻田立体生态种植第一人
### ——记湖南省渌口区新型职业农民王树祥

从京港澳高速互通口下高速就到红旗村。在通往红旗村的途中，有一片青秀的禾苗，用 5 公里围栏围成的 120 亩立体水稻种养示范区，田中种水稻，四周水沟养鱼、田埂种瓜，还放置 40 口大木箱做成的 40 间鸡屋。1200 只鸡在稻株中穿行，40 只白鹅日夜守护在田间，放养 12000 尾鱼苗。稻田不施除草剂，不施农药，水稻仍然长势好，青秀无病，黄丝亮秆。水稻收割测产亩收稻谷 870 斤，鸡已长成两斤有余，生产鲤鱼、鲫鱼等 2000 公斤。这是新型职业农民王树祥精心打造的生态米示范区。

王树祥 1962 年生，渌口区朱亭镇红旗村栾木组人，水稻产业科技示范户。2012 年参加湖南生物机电职业技术学院创业培训，2015 年参加渌口区新型职业农民水稻班培训，2016 年参加湖南广播电视大学农村致富带头人培训。

王树祥毕业后一直从事木材生意，2009 年开始进行大面积水稻种植，2017 年扩大到 400 亩。

2016 年在参加农村致富带头人培训时到浏阳一生态立体种养基地进行参观，2017 年春投资 30 万元开创了 120 亩 "水稻+鱼+鸡+鹅+瓜" 的种植模式。

王树祥家有 4 台犁田机、1 台收割机，全家 4 口人，一儿一女，女儿已出嫁，儿子在深圳打工，主要劳动力为王树祥。2016 年家庭总收入 42 万元，请工耗资 9 万多元，另外支付土地流转费 3 万元，整年纯收入 25 万元左右。

对于种植水稻，王树祥通过学习，形成了自己的技术体系。在 2016 年晚稻二化螟猖獗时，他种植的水稻却安然无事，他说："这个种水稻也得跟带娃样，每天有事没事到田里去看看，及时找问题，才能及时解决问题，防控最重要。" 为了节约成本，他家的农资大多直接找公司进行采购，为改良土壤，他每亩施入生石灰 100 斤、茶枯 80 个、复合肥 40 斤、尿素 6 斤，真正做到了测土配方施肥。

当然他也经历过失败，如 2016 年再生稻试种，由于管理不到位，晚稻亩收 200 斤左右，因为是试种第一年，技术不成熟。因此，他参加了在农技站举行的再生稻种植技术培训，再次种植部分再生稻获得成功，此后逐年扩大再生稻种植面积。

## 七、返乡创业，放飞梦想
### ——记湖南省渌口区新型职业农民刘炎召

刘炎召，女，1980 年 11 月 8 日出生于渌口区南洲镇。由于自幼在农村长大，她没有兄弟，所以自小就开始懂得替父母分担农活。正当高中毕业之季，母亲患上乳腺癌，刘炎召不得不放弃高考选择外出打工。2011 年刘炎召返回农村从事养殖，2013 年创建南洲思旭农场，自 2013 年起她创办的农场连续 5 年被评为全国"养殖业科技示范户"，2017 年被株洲市授予"巾帼现代农业科技示范基地"。2015 年刘炎召获得"全国新型职业女农民"荣誉称号。

#### 为了梦想，毅然弃城回乡

2011 年刘炎召放弃城市生活和公司高薪待遇，和家人一起回到老家渌口区南洲镇泗马村发展养殖业。这一举动遭到了父母的强烈反对，父母认为好不容易定居市区且生活安逸，不必回农村"受苦"。当时，在父母看来农村没有发展前途，但是多年的城居生活让刘炎召很想念乡村的宁静和纯净，尤其是餐桌上的食物都难以保障安全。她自小在农村长大，知道农村饮食健康无污染，对健康食材的渴望，更加坚定了她返乡养殖、把绿色健康带给人民大众的信念。因此，2011 年春节一过，刘炎召便踏上了返乡之旅。

为了梦想，不畏创业艰难

　　畜禽养殖场地需要很好的自然环境，而无论是地形、地势，还是土壤、水源，泗马村荷塘水库四周正好能达到这些要求，刘炎召很庆幸有这么一个自然条件如此优越的地方让她去实现梦想。水库周围平时基本无人经过，人走的道路没一条是完整的，因而修路是首先要解决的问题，然后才能建房设场。多少个日日夜夜的坚守，从一个城市白领成为十足的"村姑"，经过三个月时间，刘炎召完成了农场的第一批建设：一栋住房、两个鸡场和一个羊圈。

为了梦想，不断摸索成长

　　"万事俱备，只欠东风"。一切准备就绪，只等引进羊种和鸡苗，这是农场起步时喂养的两大主体畜禽。2011 年 5 月，刘炎召引进了 70 多头湘东黑山羊和 1000 多只青脚土鸡，之后她几乎早晚都在羊圈、鸡场两边跑，每天半夜一两点起床还要巡视一遍农场。养殖是一个非常"邋遢"的行业，因为每天都是和畜禽打交道，观察它们粪便的颜色，一旦发现异常还要采取"一听二看三闻四解剖五分析六确诊"的原则进行救治，这让她从一个非常胆小的小女孩迅速成长为一名"女汉子"。农场经常有客人来休闲娱乐，抓羊杀鸡宰鱼成了她的家常便饭，很多顾客都赞不绝口。对刘炎召而言，让客人吃上绿色健康的美食是她所奉行的经营理念。土鸡的生长期以放养为主，大部分时间在野外活动，且生态鸡生长期相对较长，一般需要 7~8 个月，随时都有可能感染各种疾病，因而必须切实做好鸡的免疫接种工作。鸡疫病防治重在

"防"，贵在"早"，从出雏以后的第一天就要接种鸡马立克氏病疫苗，成长过程中还要做好鸡新城疫、鸡传染性支气管炎、禽流感病毒、禽霍乱、鸡传染性法氏囊病、鸡痘等疾病的防疫注射。此外，还要注意及时做好其他疾病的防控和治疗，以保障生态鸡健壮成长。经过实践，刘炎召探索出一套行之有效的野外生态养殖模式，目前散养土鸡的成活率已达到95%。

### 一分耕耘，一分收获

2015年，农场新开垦山地48亩进行良种油茶种植，建设6亩青蛙养殖设施基地，养殖50万只黑斑蛙。房舍建筑面积达300平方米，年接待来客2000人次。

2016年，农场扩大到1100多亩，每年出栏生猪600多头、黑山羊300多头，放养土鸡6万多羽，养鱼30吨。2016年农场总收入700多万元，纯利润100多万元。场里长期聘请工人6名，按1800元/月/人付给薪酬，实现了经济效益与社会效益的双重结合。

作为一名新型职业农民，刘炎召不仅有精湛的技术，还很有经营的头脑。对于销售，她有自己的模式，养殖场已经开辟了网络销售，即"线上线下，场内场外"相结合。除此以外，她还联系市各大饭店为他们供应绿色畜禽，仅土鸡每天成交量就达170~200羽。在养殖场内，刘炎召都是用自家种养的鸡、猪、鱼、羊肉和各种蔬菜招待客人，客人临走时还可买走一些绿色食材。这样既以绿色安全的食品招待了客人，又解决了销售问题。

### 创业有成，不忘扶贫

自 2015 年加入株洲市女经纪人协会以来，刘炎召作为一个创业有成的新型职业女农民，对当地贫困户和妇女给予了资助和帮扶。她积极响应党和政府的号召，在 2017 年带动并发展了 27 名农民养殖，其中有 4 名女性。农场还帮扶 10 户建档立卡贫困户，免费给他们提供技术指导，遇到农民自己解决不了的畜禽疾病，还会上门免费提供救治服务。刘炎召还将有劳动能力且愿意外出的农民安排到农场就业；对于有劳动能力却不愿外出的农民，农场会配送一定量的幼苗，并免费提供饲料和药物；无劳动能力的贫困户则定期派送物资食材。同时，农场对当地一些患重疾的老人和留守儿童给予关怀和一定的资金扶助。

### 绿色养殖，诚信经营

任何时候都不忘初心，刘炎召创立的思旭农场中所有畜禽都严格按照自然生长周期，绝不催长，不到长成绝不售卖。秉着"良心养殖，诚信经营"的原则，怀着"建一流养殖，富一方百姓"的愿景，思旭农场致力于发展成一家集养殖、外调、品研为一体的综合型家庭农场。

## 八、农村科技致富的带头人
### ——记湖南省汨罗市新型职业农民周正完

周正完，1990 年从事农业生产和水产养殖至今；2007 年组织村民筹资修建本村第一条乡村水泥公路；2012 年在政府支持下，组织群众进行土地平整和机耕道建设；2014 年组织成立了汩罗市香樟农机专业合作社，流转和改造稻田 500 多亩，自筹资金 100 万元购置先进农机设备(久保田收割机 2 台、久保田耕整机 3 台、插秧机 2 台)，并组织合作社成员参加农机培训和新型职业农民培训；2015 年出资购买屈子祠镇屈原片粮站，进行场地改造和仓库检修，并购置烘干设备 2 套，保证了该地区粮食生产和储存安全，实现了现代农业全程机械化生产，香樟农机专业合作社入选湖南省"百千万"工程首批农机专业合作社。

2016 年，周正完利用本地区地势平坦、水资源丰富、自然环境良好的地理优势，组织本村种养大户前往湖北省潜江、监利、洪湖和湖南省南县等地考察学习稻田综合种养技术，同时成立汩罗市云耕鳅语种养合作社。入社成员 40 多人，其中当地贫困人员 10 人。投资 30 多万元建设标准稻虾综合种养面积 500 多亩，引进优良水草和优质虾苗，聘请广东澳华集团技术团队进行养殖技术指导服务。同时在湖南省水稻植保专家的支持下，引进水稻优质杂交品种，采用无公害水稻栽培技术，并积极带动和帮助周边困难群众参与稻虾综合种养，每亩年增收入 2000 元左右，合作社年增收入近 100 万元。

尊重农民意愿，多元化集中土地流转

根据土地等级支付租金，每亩 400 元至 600 元；采用集中连片、与农户协商调节的方式流转土地；组织未流转土地农户种植同品种的优质稻，进行稻谷回收，统一烘干加工销售。

提高农业经济效益，实行全程机械化生产

在水稻种植方面，当地地势平坦，道路畅通，具备 2000 多亩机耕、机插、机收、烘干的机械化生产能力，节省了大量劳动力，加快了水稻种植生产过程，保证了粮食安全；在水产养殖方面，采用电动投料设备、增氧设备、水草清理设备和水产品运输设备，减少了人工的劳动强度，有效地保证了水产品及时上市销售。

保证农产品质量安全，拓宽农产品销售渠道

发展稻田综合种养，充分利用资源互补的生态循环模式，改造和建设 500 多亩标准化综合种养稻田，引进市农业农村局推广的优质杂交水稻；利用养殖小龙虾清除稻田中的杂草，以及虾的粪便为水稻提供肥料，每亩节省成本 60 元左右；采用频振式杀虫灯、性诱杀虫剂等绿色防控技术防治病虫害，保证水稻和水产品的质量，真正做到了"一水两用，一田双收"。

2017 年养殖的小龙虾在未利用互联网和电商平台前只能销岳阳县、汨罗市两地，价格只有每斤 10 多元。充分利用互联网和电商平台后，通过全省稻虾养殖群网上联系，直发上海、广州等大城市的商家，由于小龙虾的个体大、品质好，很受消费者青睐，由原来的每斤 10 多元飙升到 40 多元。因此，小龙虾养殖一项亩增收由 2016 年的 1000 多元提高到 2017 年的 3000 多元。

通过省市相关部门对产地检测认证和产品绿色认证，创建稻渔品牌，提高产品的价值，实现产业升级发展。传统的稻谷每斤 1.3 元，加工成大米每斤只有 2 元多。通过种植生态优质虾稻米，每斤大米可卖 10 元，产值翻 4 倍。2017 年，500 多亩虾稻在湖省农业委员会的推荐下，与浙江省粮油公司成功签订销售合同。

### 坚持科技创新，培养新型职业农民

自 2014 年成立合作社以来，合作社成员和聘用员工多次参加种养技术和安全生产各项培训，提高各项生产技能。合作社多次邀请省市种养方面的专家教授现场传授技术和指导服务，周正完也积极参加各项学习培训：2014 年参加农机操作维护培训；2015 年参加新型职业农民培训；2016 年参加创业培训、农村党员致富带头人培训；2017 年参加全省稻虾综合种养技术培训、全省稻田生态种养试验示范项目用肥用药培训、湖南省贫困村创业致富带头人培训、岳阳市农村实用人才暨无职党员培训。

### 响应国家农业发展方针，转变农业发展方式

合作社因地制宜，大力发展稻田综合种养产业，创建省部级稻田综合种养示范区，带动本地群众积极参与，帮助困难群众脱贫致富，让稻虾种养模式成为本地精准扶贫、脱贫的特色产业。

合作社成员周吉江是本组因病致贫的贫困户，儿子残疾，上有 80 多岁的老母亲。周吉江身患糖尿病多年，不能从事高强度的农业生产，家里 10 多亩水田以土地入股的形式加入合作社。考虑到他的身体状况，合作社给他安排劳动强度较小的工作，每天支付工资 150 元，除去农闲时间，每年工资 36000 多元，加上 16 亩水田的入股分红 16000 元，周吉江年收入达 52000 多元，基本能偿还债务并维持家里生活，两年就帮助他摘掉了贫困户的帽子。

村六组贫困户周站文，大女儿残疾，小女儿、儿子正在读书，因家庭条件差、负担重致贫。2016 年合作社开展稻田综合种养，他家的稻田未流转给合作社，当时他持观望态度。到年底周站文看到这个种养模式的效益后，也想把自家 10 多亩和他哥哥的 10 多亩水田一起改造成综合种养田。但由于没有资金来源，又怕投资失败，所以一直犹豫不决。看到这个情况后，合作社为他作担保，争取了政府扶贫贷款作为基础设施建设资金，又为他提供水草、种苗、饲料，以及技术团队的支持。30 多亩稻虾综合种养田在合作社的支持和他自己的辛勤劳作下，上半年一季小龙虾养殖除去成本，利润有近 6 万元（含本人工资），再加上水稻种植和秋冬季种苗 2 项，年收入达 10 多万元，一年就脱贫了。

全村 5000 多村民中有 67 户贫困户，贫困人口 192 人，到 2018 年，有 10 户贫困户以土地入股的方式加入合作社，还有 12 户贫困户在合作社带动帮助下参与稻虾综合种养行业。2020 年，在政府政策支持和稻田综合种养产业的帮助带动下，实现了全村所有贫困人口脱贫。

周正完始终坚信："一杯牛奶改变一个民族，一粒种子改变一个世界，一个好的产业能让群众共同致富！"

## 九、追求效益和公益的农场主
### ——记湖南省湘乡市新型职业农民周颖勇

泉冲生态农场地处湖南省湘乡市龙洞镇泉冲村。2010 年，28 岁的周颖勇承包了 400 亩村办林场，投资 600 多万元，建起了以沼气为纽带、种养结合的家庭生态农场。5 年来，农场效益节节攀升，公益事业也蒸蒸日上，先后被评选为湘乡市科技示范基地、生态能源示范基地、新型职业农民培训实习基地、湘潭市中小学生劳动实践优秀单位，并被湖南省教育厅确定为中小学劳动实践场所建设达标单位。

孜孜不倦，农场建设具规模

周颖勇 2003 年毕业于江西省蓝天职业技术学院计算机专业，2005 年受聘于深圳桑达集团任项目经理，从事街头"电子警察"系列产品开发和安装维护，不仅月工资过万元，还能够随着公司承揽的工程项目位置的改变，见识到全国各地的城市，这是一个令人羡慕的工作。但是为了家乡的父母，为了眷恋的土地，他毅然放弃了当时的生活条件。

2010 年周颖勇回到老家湘乡，承包了村办林场的 400 亩地，开启了自主创业的道路。创业初期，因种植、养殖技术不成熟，农场面临着农作物生长不旺盛、生猪成活率低、产值不高等各种困难。2011 年，他聘请了 1 名湖南农业大学的毕业生担任技术员。但山村的生活枯燥寂寞，不到半年时间，这名大学生就辞了职。这年 8 月，一场"高热病"突然爆发，380 多头肉猪死了 200 多头，让他承受了重大的损失。但是这次损失非但没打消周颖勇创业的积极性，反而激发了他的斗志，决心自学种养技术和兽医知识。也就是这一年，湘乡市农业农村部门开展的农村劳动力阳光工程培训给了他良好的发展机遇。近几年来，从农村劳动力阳光工程培训到新型职业农民培养，每一次有学习的机会周颖勇都积极参加，平时还挤时间向农技、畜

牧专家上门请教，同时不忘带领附近村民共同学习。2012 年，
农场年出栏生猪 800 多头，死亡率 23%；2013 年，农场年出栏
生猪 1200 多头，死亡率 12%；2014 年，生猪市场行情渐跌，许
多养殖户亏损严重，但由于他管理得当，农场出栏生猪达 1500
多头，死亡率控制在 4% 以内，全年生猪养殖收入达 280 多万
元，盈利 40 万元，发展势头良好。

目前，农场已具规模，建有 5000 平方米标准化养牛场、标准
化养猪场、标准化养鸡场，养鱼塘 3 处，移栽乔木、苗木 10 亩，
优良油茶林 160 亩，牧草地 20 亩，蔬菜地 60 亩，建有 200 立方
米沼气池，安装路灯 20 盏、太阳能热水器 2 台，硬化道路 2
千米。

合理布局，创建种养结合模式

建生态农场，必须科学规划，如果只种不养，土地没有肥力，
靠化肥种植，作物的产品质量低下，食用价值不高；只养不种，
动物不仅缺少青饲料，而且粪便随意排放，容易造成环境污染。
为解决这一矛盾，周颖勇除虚心接受新型职业农民技术指导员的
指导外，还请教了很多技术能人、科技专家，认真学习有关农业
科技知识，将科学规划与生态种养相结合，把 400 亩山地分为上、
中、下三段，上段以种植油茶林为主，间种牧草；中段主要修建
道路、蓄水池、沼气池、猪舍、牛舍和鸡舍等；下段主要用来种植
花卉、苗木及蔬菜、瓜果，整个农场呈扇形分布、分层设计，既保
证了土地的合理有效利用，又美化了农场的布局。

对养殖产生的粪污，尽管周颖勇想过很多办法，但都未能很
好解决，曾一度造成乡邻关系紧张。2013 年上半年，在湘乡市农

业农村局有关负责人带领下，他和其他几位新型职业农民来到湘潭、宁乡等地的数家养殖基地观摩学习，找出了自家农场与其他现代化养殖基地的差距。2013年下半年，周颖勇在农场新建了3个沼气池，1个后处理池，共计200立方米，动物粪便全部进入沼气池，经厌氧发酵，每年可产生沼气1500多立方米，主要用作农场日常生产、生活能源；沼渣用于油茶林、蔬菜、牧草的底肥和鱼的食料；沼液通过管道输送到果园和蔬菜基地的各个角落，实现自动浇灌。通过"三沼"综合利用，大力发展"猪—沼—鱼""猪—沼—菜""猪—沼—林"等多种新型农业生态模式，真正打通了"养殖+沼气+种植"的生物循环利用系统，既节约了资源，又保护了环境。

### 注重创新，经济和社会效益显著

农场建设已见成效，全农场年产值达400万元。首期开发的200亩地，创造经济效益200多万元。160亩油茶林空地间种的牧草，每年可养牛100头，养猪600头，养鸡2000只，养鱼20000尾。沼气池建成后，产生的沼气不仅满足了农场用能需求，还供给周边10余家农户用于厨房炊事，每年可节省能源费用支出3万多元。由于沼液自动灌溉，既节省了大量的人工，又大幅度减少了农药、化肥的施用，种植出来的蔬菜品质好、纯天然、无污染，深受广大消费者的喜爱。2014年，农场年产蔬菜10万公斤，年收入50多万元，取得了较好的能源效益、生态效益和经济效益，同时带动了周边农户发展种植业和养殖业，产生了较好的社会效益。

该农场利用产地资源和技术优势，已成为在校学生实习和实践的基地，培养了学生动手操作能力，也为湘乡市涟滨实验学校、湘中高考补习学校和育英高考补习学校 2000 多名师生和员工提供了大量绿色安全食品，如牛肉、猪肉、鸡肉、鸡蛋、鱼及各类蔬菜，改善了师生伙食，保障了师生的食品安全，农场年创收达 20 多万元。同时，农场还成为湘乡市新型职业农民技能培训基地，为当地 20 多名劳动力提供了就业机会，户年人均增收 5000 元。农场还为当地 10 多个油茶林基地的前期综合开发、循环利用、规模化养殖和种植提供知识培训，为培养人才起到了示范引领作用。

科学谋划，立足农场长远发展

展望未来，周颖勇满怀信心。他说，农场今后将科学规划，合理布局，扩大种养规模，创新发展项目；计划修建排水沟，主要用于菜地排水及储水；安装太阳能路灯 20 盏，方便基地夜间作业；安装沼气诱蛾灯、沼气杀菌灯 20 盏，保护畜禽安全；购买割草机及其配件 3 台，用于清除林地的杂树、杂草等；购买水泵 1 台、PU 水管 500 米，用于油茶林灌溉。2017 年，农场已有 100 亩油茶林采摘果实，其中 60 亩进入丰产期，按 90 元/公斤的茶油市场价计算，100 亩油茶林年收入达 45 万元。

在自身发展的同时，周颖勇时刻不忘乡邻。2013 年，由于生猪市场行情波动较大，许多生猪养殖户面临亏损，加之在疫情防控、饲养管理等方面的经验不足，导致养殖风险更大。疫情防控就是命令，他马上和镇农技站一起组织周边养殖户到他的基地进行生猪养殖技术培训，并邀请湘乡市畜牧局专家现场授课，针对生猪的疫情防控、疾病鉴别、猪舍建设布局、饲养管理等方面进行细致分析、讲解。通过系统培训,当地新型职业农民掌握了生猪养殖技术。

周颖勇说,他是国家培养和扶植出来的青年农场主,农场是湘乡市新型职业农民培养示范基地,自己发展了、致富了,不能忘了乡亲们,不能忘了其他需要帮助的新型职业农民,他会继续尽自己的力量,帮助和带动大家一起致富。

## 十、"梅姐姐"和她的"绿色蔬菜梦"
### ——记湖南省湘乡市新型职业农民王春梅

"梅姐姐",姓王,名春梅。2016 年 37 岁的王春梅看上去比同龄人年轻,但因她淳朴、勤劳、热情,基地员工亲切地叫她"梅姐姐"。

湖南春梅蔬菜种植专业合作社就是以王春梅的名字命名的。著者一直在思考:是什么原因让王春梅放弃大城市优越的生活和蒸蒸日上的事业返乡创业?带着这个疑问,著者来到春梅蔬菜种植专业合作社。一走进基地,就看见一块写有"一切以消费者为中心,做有心人、种放心菜、销无公害农产品"的宣传牌矗立在那里。

在蔬菜大棚,王春梅在和员工采摘圣女果,她不时用手擦去额头上的汗水,这位昔日的公司老总如今转身投资蔬菜行业成了一名新型职业农民。王春梅说,她在农村土生土长,她热爱这片土地,要圆自己的"绿色蔬菜梦"。

### 情系桑梓，公司老总变身"新农人"

王春梅，湘乡市泉塘镇上湖村人。小时候家境困难，父母每天担着蔬菜到湘乡城里去卖，往返40多里路。那时，王春梅想：如果在家门口就能把菜卖掉，父母就没有这么辛苦了。

17岁那年，王春梅和很多年轻人一样怀着对美好社会的向往，到长沙打工。打工初始，每天工资不到10元，一年下来，支出了生活费外所剩无几。在打工的这些年，王春梅学到了不少知识，也逐渐成熟起来，她悟出一个道理：要想干出一番成就，就必须自己创业。2005年，在物业行业刚刚崛起的时候，王春梅凭着敏锐的眼光创建了长沙市涌金物业管理有限公司。通过几年的发展，公司规模不断壮大，并逐渐涉及园林绿化、弱电安装、道路施工等多种项目，给400多人提供了就业机会。

尽管事业取得了一定成就，可王春梅并没有停下前进的脚步。虽然早已离开农村，但王春梅对家乡一直怀有深深的眷恋之情，"让父老乡亲富裕起来"是她追求的梦想。2013年，王春梅毅然决定从一个公认的高利润行业转身，投入现代农业的发展热潮中。她在老家泉塘镇上湖村流转土地368亩，成立了"湖南春梅蔬菜种植专业合作社"，长期雇请40多名员工。该合作社带动了当地经济，村民们得到了实惠，他们种植的蔬菜送到基地由合作社负责销售，村民的日子越过越好。

### 倾心投入，致力蔬菜行业

如果说创办"湖南春梅蔬菜种植专业合作社"是王春梅为家乡做贡献的夙愿，那么已经成为新型职业农民的王春梅成立"湖南省伙龙农业发展有限公司"和"涟水农家家庭农场"、注册"才汇佳"则是在实现她的绿色环保蔬菜梦。合作社有成员 200 户，每户增加年收入 4000 元，基地蔬菜种植面积达 1067.8 亩，带动就业 400 多人。

这地方土好水好，人更好。在王春梅的带领下，著者漫步田间小道，领略自然风光。放眼望去，一块块菜土整齐有序；近处，有各种各样的蔬菜瓜果，红的番茄、绿的丝瓜、黄的香瓜、紫的茄子……整个基地一派瓜果飘香的丰收之景。50 亩水塘中，鱼儿自由戏水，不时跃出水面；加工间工人正在对刚采摘的蔬菜进行筛选、打包……

"面对土地，不仅要投入资金，更需要投入时间和热情……"王春梅说，从筹建开始，她一直吃住在基地，每天天不亮就起床，什么事都亲力亲为。为把合作社规划好、经营好，她经常挤时间看书、上网，到外地考察、做市场调查，学习种养殖技术和管理经验，选购优良品种。为做到产品绿色、环保，王春梅还从贵州铜仁学院高薪聘请了 16 位蔬菜专业毕业生担任技术员，每天对采摘的蔬菜进行检测，基地试种的紫玉淮山、火龙果实验成功后进行大面积种植。

为了发挥土地最大效益，王春梅在行政帮扶员、市农业农村局局长刘建和与蔬菜专家黄大鹏的精心指导下，在基地规划、育苗品种选择等方面合理安排，当年就取得了较好的效益，并逐渐在市场站稳脚跟。如今，她的基地又开辟了垂钓、旅游、采摘等多种业务，在采摘区种植了西瓜、圣女果、香瓜等绿色环保水果，在垂钓区投资近 50 万元对池塘进行提质改造和科学养殖，投放各类苗种 1 万尾。

在基地，有的菜土里长满了杂草，王春梅说，她的基地从不使用除草药物，而是通过人工割草，将割下的杂草用于池塘喂鱼。

由于该基地距城区 12 公里，紧邻涟水河，交通便利，地势平坦，土壤肥沃，她的蔬菜供不应求。王春梅介绍道，合作社采取"公司+合作社+基地+农户"的经营模式，走集约化、规模化发展道路，集中发展无公害蔬菜生产。合作社连续几年被评为湘潭市"蔬菜工作先进专业合作组织""科技创业示范单位""湖南省特色示范园单位"，2014 年成功创建"国家蔬菜标准园单位"，她本人也被评为 2015 年度湘乡市"最美创业"先进个人。

再谋前景，实现经营多元化

"我不仅要将产业做大做强，而且还要带动周边村民发展致富。"在王春梅眼中，农村是自己的根，也是自己追逐绿色梦想的地方。

"除了简单种植、采摘蔬菜外，还要推出更多的增值服务，实现一、二、三产业融合发展。"说到今后目标，王春梅充满对未来事业的憧憬："下一步将建设草莓园、火龙果园、荷花园，并重点发展深加工和农产品流通，积极开拓湘乡周边市场。"

从物业行业到绿色蔬菜行业的转变，从"城里人"变"新农人"，从打造产业基地到规划农业旅游的融合提升，王春梅的创新思维在青山绿水间尽情奔腾，实现了她的"绿色蔬菜梦"。

## 十一、不恋闹市恋山林
### ——记湖南省湘乡市新型职业农民刘国平

湘乡市翻江镇有座九女大山，20 多年前，山里曾住着 10 多户人家，但由于交通极为不便等原因，所有的人家都陆续搬离了。可是在 2010 年，有一对夫妻却从南国闹市搬进了这片深山老林里居住，丈夫叫刘国平，妻子叫余党清。5 年后，这对夫妻把昔日的穷山窝打造成了"聚宝盆"，将现代种植养殖业搞得红红火火。

#### 心中有梦，回乡创业

2010 年以前，刘国平夫妇生活在深圳这座快节奏的城市里，曾是家乡父老羡慕的对象。刘国平在深圳一家通信设备股份有限公司任技术总监，年薪 40 万元，当时公司正准备上市，作为高管，公司上市后他可分到原始股份。女主人余党清在某医院当护士。

但是在刘国平夫妇的心中，一直有一个创业梦，一份关于农村这片广阔天地的创业梦。他们对家乡原生态食品味道的思念，对家乡山山水水的热爱，使他们萌生了强烈的创业冲动。最终，他们选择了位于湘乡市翻江镇丁家村最偏远的九女大山，决定在这里创业。这里山连着山，曾是国有林场与集体林场，方圆 3 公里都是无人区。他们将劣势变成优势，无人区对种植与养殖而言是非常有利的自然条件。他们的生产基地处于群山环抱之中，环境优美，拥有丰富清澈的水源，一年四季鸟语花香，非常适合生态种植与养殖。

### 创业维艰，玉汝于成

俗话说"万事开头难"。进山难就是刘国平夫妇最先面临的难题。为了方便出入，必须修一条几公里长的盘山公路，不但费用比平原地区多花几万元，而且请人上山做事每人每天的工钱也要额外多付50元。为了节省开支，他们自己跟着民工一起做事，皮肤晒黑了，手也磨出了血泡和厚茧，还不到40岁的夫妇俩，看上去比原有的年龄要老一二十岁。日复一日，几年时间里终于完成了400多亩油茶林地的开垦与栽培，建好了170平方米的基地办公室与管理楼，修建了近200平方米的黑山羊养殖场及100多平方米的鸡舍，修筑了蓄水池，完善了引水灌溉渠，总共投入近200万元。

2012年，刘国平夫妇带头成立了湘乡市鑫农油茶林种植专业合作社，油茶林种植面积达3000多亩。2014年，为了进一步充实自己，弥补种养知识的不足，刘国平报名参加了湘乡市新型职业农民培训，被认定为湘乡市新型职业农民，并成为重点培养对象。在科技指导员的悉心指导和自己的辛勤努力下，基地产出蒸蒸日上，合作社也步入良性发展阶段，被评为湘潭市农民合作社示范社。他们的油茶林示范基地从第二年开始挂果，产出高山原生态茶油，在未来的几年里，油茶林逐渐收回投资成本。

在高山油茶林间发展土鸡养殖是养殖场的又一大特色。鸡既吃虫子也吃草，不仅节省了饲料成本和人工锄草成本，还可以利用鸡粪给油茶林的生长提供肥料，两者相得益彰。这样养殖的土鸡有一个响亮的名字——"飞毛腿"，顾名思义，能飞能跑，是本地的高山生态鸡，因生长速度慢、野性强等原因，即使在当地也是寥寥无几，市场上更是空白。但这种土鸡具有耐粗饲、肉质鲜美等诸多优点，即便是用清水炖的，味道也极其鲜美，凡是吃过的人，个个赞不绝口。

湘乡壶天黑山羊养殖有着悠久的历史。2013 年，刘国平夫妇又带头成立了湘乡市欣源黑山羊养殖专业合作社，加入合作社的都是具有多年黑山羊养殖经验的专业户。目前，合作社的优质黑山羊年出栏量达 2000 多头，拥有纯生态的专业养殖场 10 多处，放牧山林面积达几万亩。目前，黑山羊存栏量逾 4000 头。

勤勉耕耘，放飞梦想

2015 年，刘国平被评为湘乡市创业明星。通过几年精心管理，油茶树整体长势非常好，在 2016 年迎来了首次挂果期，也迎来了他们事业的新机遇。湘乡市常务副市长、市直各相关单位领导到刘国平的基地召开现场办公会，解决了进入生产基地近 2 公里山路硬化的问题，带来了种养技术、资金扶助和扶植政策，为刘国平的生产基地发展加油助力。

刘国平夫妇在未来 5~10 年内把基地打造成集生态养殖、休闲观光、体验农场、采摘、登山露营、越野赛区为一体的立体式示范休闲农场和湘乡市青少年农业科普示范基地。按照功能分区，积极、稳妥、科学有序、量力而行地推进各种建设，主要从四个方面进行建设。

①建设生态养殖区：发展多种生态养殖，重点是完善黑山羊养殖场重新选址、建设及养殖技术等问题；完善林下养殖"飞毛

腿"土鸡的保种选种和繁育技术及栏舍建设等问题；充分利用充沛的水资源养殖高端品质的淡水鱼类。

②建设水果采摘区：科学有序地推进适合高山寒冷地区的生态水果种植，拥有2~3个品种的水果采摘区；攻克野生猕猴桃、八月果(俗称羊开口)的种植与扩繁技术；完善林下西瓜及野生黄精药材套种技术；完善茶油的信息技术推广，可以让体验者承包油茶树，实行自摘、自榨、基地代管的营销模式。

③建立绿色蔬菜体验区：开辟10亩蔬菜种植区，利用养殖产生的沼液、沼渣种植有机蔬菜；体验区土地以承包的模式出租给体验者种植有机蔬菜，基地也可代为管理。

④发展湘乡市欣源黑山羊养殖专业合作社：目标是将壶天黑山羊打造成湘乡市乃至湖南省的地标品牌，拥有自主核心繁育和养殖新技术的知识产权。

人们常说："生活因为有了梦想而变得美丽，人因为有了梦想而变得伟大。"刘国平夫妇正跋涉在寻梦的征程上，他们通过贷款、融资或引进外资等渠道，将种植养殖的生产基地打造成资源可循环利用的绿色生态庄园。

# 十二、小丝瓜做成大产业
## ——记湖南省湘乡市新型职业农民王有志

2015年7月以来，湘乡市金石镇益民村"有志蔬菜专业合作社"每天都有6~7吨白丝瓜销往长沙马王堆农产品批发市场。合作社负责人王有志介绍，从6月1日开始采摘到9月底采摘结束，共计有 7 茬丝瓜，目前是第 2 茬。合作社共计种了近 300 亩丝瓜，全年总产量达 800 吨、总产值 300 多万元。

## 农技下乡，商人返乡

近两年来，湘乡市的新型职业农民培养开展得有声有色、卓有成效。种养大户、家庭农场、专业合作社等新型农业经营主体如雨后春笋般脱颖而出，一大批外出务工、经商人员返乡从事农业产业开发，湘乡市金石镇益民村村民王有志就是其中一员。

2013 年冬季，金石镇举办了一期影响较大的新型职业农民培训班，在长沙马王堆农产品批发市场经商多年的王有志刚好返乡在家，便积极报名参加了培训。学习之后他与本村也参加了培训的村支书赵建华等 4 人一合计，认为发展蔬菜生产不仅销路好，利润空间也比较大。因此，王有志决定充分利用本村土地及劳动力资源和自己对蔬菜行业熟悉的优势，回乡创办蔬菜生产基地，带领村民们勤劳致富。4 人一拍即合，共同投资成立了"有志蔬菜专业合作社"，首选白丝瓜进行规模种植。

合作社以每亩地每年 400 元的价格流转到 300 多亩地，以农户带田入股模式流转到 160 多亩地，所有流转土地涉及本村 6 个村民小组的 170 多户农户。从 2014 年 11 月以来，整地、扎瓜架、新建育秧棚、购置货车、支付民工工资和土地租金等，累计投资200 多万元。由于启动资金不够，金石镇政府和湘乡市农业农村局根据新型职业农民培养扶植政策要求，对合作社给予了大力支持，政府出面积极与银信部门协调，帮助合作社办到了 100 多万元的贷款，另外还对新建育秧棚给予了适当补贴。

依靠技术，旗开得胜

尽管王有志成了湘乡市新型职业农民的培养对象，学到了一些蔬菜栽培技术，但对于规模化的专业种植还是头一回。为此，自 2014 年冬季以来，他们在镇农技站技术指导员的引导下，先后数次前往株洲市渌口区白关镇、湘潭县易俗河镇、宁乡市喻家坳乡等周边地区的蔬菜生产基地，学习栽培技术、管理技术和营销经验，并从株洲市农科所高薪聘请了一位蔬菜种植专家，担任合作社的技术指导。从 3 月份育苗、4 月份移栽，到 6 月份采摘，全程按照技术员的指导进行操作。因此，近 300 亩白丝瓜长势良好，挂果率高。第一周采摘第一茬白丝瓜的产量最高，每天有 16 吨左右，此后几天的第二茬白丝瓜每天有 6~7 吨，每公斤白丝瓜售价 3~4 元。按全年总产量 800 吨计价，总产值 300 多万元。

累了股东，乐了村民

"很便宜的丝瓜能赚什么钱?"这是周围部分村民最初对有志蔬菜专业合作社的担心，因而他们不情愿将自己的承包地流转给合作社，但经过半年来的切身感受，村民对合作社的态度发生了转变。合作社每天需要近 80 名民工，都是附近的中老年人，按照每天工作 8 小时，男工 70 元、女工 60 元，加班每小时另付 15 元的工资标准，已经发放 40 多万元民工工资。因此，村里部分外出务工人员已经回家到合作社工作，实现了家门口就业、挣钱顾家两不误的愿望。

受雇的村民们实实在在拿到了工钱，但 4 位股东暂时还处在投资、创业阶段，只有日夜操劳的分。尤其是 3 月份连续 10 多天的寒潮，让股东们寝食难安。当时，由于电压过低，育秧棚温度提不上，极有可能导致死苗，大家急得团团转。幸亏当地政府和电力部门紧施援手，尽快在邻近变压器上接来了电，才顺利渡过难关。不过，也正是那场寒潮导致其他地方的白丝瓜苗出现了死苗现象，产量降低，间接地增加了合作社白丝瓜的销路。

王有志介绍，2015 年流转到的 500 多亩地中有 100 多亩在栽培莴笋；到 10 月份近 300 亩白丝瓜生长期结束，这些地就改种了红菜薹；2016 年以后，合作社仍采取"合作社+农户"的模式，适当扩大了白丝瓜生产规模。经过几年的拼搏，王有志做大做强了白丝瓜产业，打造出"金石丝瓜"的品牌。

## 十三、三尺讲台上走下来的新型职业农民
### ——记湖南省湘潭县新型职业农民彭水平

"全国百名杰出新型职业农民""全国种粮大户""湖南省人大代表""湖南省致富女能手""湖南省巾帼建功标兵""湘潭县春静水稻种植专业合作社理事""农村实用技术带头人""湘潭市劳动模范""湘潭市农产品女经纪人协会会长"……这些都是 1976 年出生的彭水平的个人名片，然而她最中意的还是"全国百名杰出新型职业农民""全国种粮大户"这两张名片。彭水平 2010 年弃教从农，回家乡种田；2015 年参加湘潭县新型职业农民培育水稻生产专业培训班，多次参加湖南省农业委员会、湖南省妇女职合会组织的新型职业女农民培训，获得新型职业农民证书。多年来凭着她的雄心、胆识、智慧闯出了一条精彩而光明的水稻规模种植致富之路。

跳回"农门"，走规模化、集约化现代农业之路

农村的孩子大多都有一个梦想：努力学习考出去，从此摆脱只能种田的命运。彭水平却反其道而行之，原本在湘潭县一所民办学校担任教师的她，于2010年辞职，毅然决然地回到家乡湘潭县排头乡种起了优质稻。

选择回家乡种田，原因很简单，彭水平从小就是在田间地头长大，有比较重的恋乡情节。相较于城市与职场，她更喜爱乡村的恬静与农民的朴实。辞职前她在学校负责招生与安置工作，经常要下乡与农民打交道，得知青壮年劳动力大都外出打工，留守农村的都是妇女儿童和老弱病残人员，部分田地无人耕种。她想：如果把这些土地整合起来，进行规模化、集约化的水稻种植，这样既有效地利用了土地资源，还能降低种植成本，同样能获得很好的收入。就这样，她下定回家种田的决心。

当时对于她辞职这件事几乎所有人都反对。亲朋好友说，放着稳定的工作不干，非要跑到田里去种地，真是太没出息了。彭水平知道自己喜欢的是什么，想做的是什么，回家种地并不是一件没有出息的事，只要用对了方法，种田一样能够实现人生价值。头一年，流转400亩地，凭经验种植，彭水平赚了20多万元。随后逐年扩大流转土地面积，2012年1752亩，2013年5300亩，2014年至今合作社已承包排头、花石、锦石和石潭4个乡镇的田地8794亩。这几年艰辛的创业，她遇到过困难与挫折，也有过动摇与放弃，但不服输的彭水平都熬了过来。

创业路上并不是一帆风顺的，彭水平印象最深的是2013年的大旱。为了抗击旱灾，她购置了60多台水泵抽水灌田，抽上来

的水优先灌溉了周边农户的田，剩余的水才灌溉自己承包的田块。最后周边农户的田都没干死，而彭水平因干旱导致绝收的土地面积超过 1200 亩，亏损高达 300 多万元。当时她对自己产生了怀疑，种田这条路是否该继续下去？以后如果还遇到这样的灾害和亏损该怎么办？踌躇之际，是政府的帮助与鼓励，亲友的信任与支持给了她奋勇向前的动力。最终，通过政府牵线，在银行贷款的支持下，彭水平渡过了难关。灾难让她意识到，合理的风险抵御机制非常重要。2014 年，春静合作社创立了风险基金制度，每年每亩田留存 100 元(不累加)作为应对自然灾害的基金。也正是因为这 100 元的风险基金，在之后的自然灾害之年，至少保证了受灾区域的农民工工资和田租可以支付出来，帮助大家顺利度过灾害之年。

这些年来，春静合作社先后投入逾 1000 万元购置了大型旋耕机、起垄机、插秧机、施肥机、收割机等先进的农业机械设备 100 余台，覆盖了水稻种植的各个环节，基本实现了全程机械化作业。同时，合作社还配套建有社员培训中心、烘干中心、仓储中心、智能配肥站等，并利用农田废弃物、光伏等进行发电，以提高生产效率和效益。

### 打破模式，走科学管理提高农业效益之路

通过这几年的实践与探索，彭水平总结出了一套"四定六统"的管理模式，即定产量、定成本、定报酬、定奖罚，统一品牌、统一品种、统一农业技术指导、统一病虫害防治、统一机械操作烘干仓储、统一销售。

目前，合作社流转的 8000 多亩田地共分配给 77 个田间管理

员，每人负责 100~150 亩地的肥水、人工、病虫害防治等日常田间管理。管理员每月保底工资 1500 元，要保证每亩地双季稻产出 750 公斤稻谷，收成超出部分合作社和管理员四六分成，管理员拿六成。若亩产量不足 750 公斤，损失则从管理员工资中扣除。这种模式大大调动了管理员的积极性，每人每年大致有约 3 万元的收入，合作社每年的收益也比较稳定。合作社可为当地农民提供 1000 多个就业岗位，让 120 多户农民年人均增收 1 万元以上。特别是其中的 210 名大龄农民和 37 名贫困户，他们每年可在合作社赚到 8000~20000 元不等的收入。合作社带领并帮扶420 多户农民种植高档优质稻，人均每亩增收 499 元。2017 年合作社成员人均分红 4475.5 元。

大型农机器械的使用同样采用责任承包制，合作社购买农机，再与农机管理员签订农机服务合同，分片区把任务分派给农机管理员，每位农机管理员承包服务面积在 500~800 亩/季。服务期间，农机管理员需负责农机的日常保养与维修。任务完成后，合作社按照合同与农机管理员结算报酬，服务满 5 年，这台大型农机将免费赠予该农机管理员。通过责任制的约束，农机手会更加爱护这些农机具。同时，服务满 5 年不仅有工资收入，还能获赠一台大型农机，农机管理员的积极性自然也提高了。

### 对接市场，走抱团发展的农业现代化之路

彭水平的目标是带领广大农民共同致富。为走好农业现代化道路，她深入学习和钻研农业科技和管理知识，订阅了大量农业科技、栽培技术等书籍，并自费上北京、赴台湾，甚至去欧洲学习现代农业先进经验，开阔了眼界。多年来，彭水平和她的团队

坚持诚信经营、回报社会，在农户间、市场上、社会上赢得了良好的信誉，实现了多方共赢的发展道路。

为降低农业生产成本，为社员争取利益，彭水平采用订单模式采购原材料。近几年来，合作社与深圳诺普信农化公司、中化化肥股份有限公司等大型企业签订了长期合作协议，使用的农药、种子、化肥等农资都是直接跟厂家对接，中间没有经销商的差价，节省了不少成本。合作社再以同样的出厂价把农资卖给周边农户，不仅农户能从中获取实惠，合作社也不会亏本，因为出货量大，厂家会给予一定的奖励。目前，合作社还积极响应国家"农药化肥零增长"的号召，率先推广使用植保无人机、自走式植保机等先进植保器械联合作业，对病虫害实行绿色防治。合作社投资100多万元建立"智能配肥"站，将复合肥工厂搬到田间地头，对土壤进行智能配肥，不仅大大降低了人工成本，减少了环境污染，还提高了效率，为水稻的高产稳产提供了保障。合作社还与广西粮食企业签订单一品种销售协议，粮食企业高于市场价回收粮食，保证了粮食销售渠道，产品产销率达到100%。2018年，合作社将成员户的稻谷以早稻125元/百斤、晚稻135元/百斤的价格全部被回收。据统计，在合作社的带领下，农户每亩通过节约成本可使收入增加220~320元。

2017年，合作社的稻谷销售额达到2000多万元，净利润约300万元，全县已有500余农户加入合作社，带动水稻种植面积4万多亩。合作社从2014年至今，优质稻种植规模一直维持在9000亩左右。既然发展势头这么好，为什么不继续扩大规模呢？彭水平认为："必须保持这个规模8年左右，不能盲目扩张。1万亩之内，现行的管理模式还是应付得来的，超过1万亩，就难说了。科学种植方法还得慢慢摸索，稳中求胜。"

回报社会，挑起扶贫攻坚之担

2015 年，在市妇联的倡导下，彭水平和其他 6 位姐妹一起牵头成立了湘潭市农产品女经纪人协会。身为会长的她牺牲了大量休息时间，走访各户，帮助她们解决在农业发展中的困惑和难题。

在彭水平的组织下，协会联络天易农商行创建了"巾帼创业帮扶贷"，缓解了创业姐妹的资金难题；成立了"会员产品展销中心"，将会员的农产品统一品牌、统一包装、集中宣传销售，解决了农产品销售难的问题。

协会积极参与政府扶贫项目，对接"永顺莓茶""疆品入湘""湘品出湘"等活动，协会共往吐鲁番市销售葡萄 7 万多斤，往永顺县销售莓茶 10 万斤，补贴运杂费近 45 万元。

彭水平热心公益事业，出资 100 多万元硬化村道，整改 3 公里农田机耕道水渠，成立了村民娱乐队，资助帮扶贫困学子圆了学习的梦想。

现在，彭水平又有了一个更长远的打算，那就是成立区域性的农业合作社联合体，各合作社之间相互支持、实现抱团发展。彭水平没有什么别的奢求，只是想把自己喜欢的事做好，在种粮这条道路上一直走下去。


## 十四、人生因拼搏而美丽
### ——记湖南省新化县新型职业农民邹碧波

2019 年 6 月 8 日，世界遗产地湘南新化紫鹊界一带持续了十

133

多天的大雨终于停歇。紫鹊界核心景区月牙山梯田里，汉子们挥舞铁锹、锄头修复着遭水冲毁的水沟、田坎，姑娘大嫂们三三两两徒手挖着被泥沙淹灭的禾苗，灾后重建的壮歌在久雨初晴的梯田里四处回荡。在这群人里，干得最欢、最吸引眼球的，就是全国新型职业农民代表——38岁的女青年邹碧波。

邹碧波1981年出生在湖南省新化县水车镇水车村一个贫困农家，从小对农民、农业怀着深厚的感情，因而改变农村面貌、带领贫困农民致富也就成了她最大的心愿。她考入中央广播电视大学时，毅然选择了农业经济管理专业，毕业后，她放弃了到大城市工作的机会，回乡里创办了生态养猪场、成立了紫气东来茶叶种植专业合作社、湖南丰联农业开发有限公司。

## 创造地理标志农产品

2009年，当时正值紫鹊界旅游开发如火如荼，紫鹊界贡米——梯米等土特产备受外地游客青睐，聪明的邹碧波从中发现了商机，她拉起一帮志同道合的年轻人，在各级政府的支持下，聘请水车镇农业站站长当技术指导，在紫鹊界景区月牙山一带流转土地625亩，办起了湖南丰联农业开发有限公司，采用"公司+合作社+贫困户"的模式生产天然弱碱性红、黑梯米。公司免费向贫困农户提供种子、生物农药，技术服务等优惠条件。当年，300余户1000多人口尝到种植紫香稻比种植传统水稻收入高出70%的甜头，周边农户纷纷要求加入邹碧波的公司。她来者不拒，与邹碧波公司签订合同的农户达2000余户，种植面积达10800亩。为确保紫鹊界梯米的质量，公司投入160万元购买了300余盏频振式诱蛾灯安装到田间地头，采用物理方式杀灭病虫。

2010 年，在以总经理邹碧波为首的湖南丰联农业开发有限公司的经营下，18 万亩特色稻通过了"中国农产品地理标志保护产品"登记，遗产地紫鹊界梯米在品牌价值评估榜上的价值为 0.65亿元，被农业界称为"中华一绝"。

"三农"问题是一直制约中国经济发展的大问题，邹碧波选择把毕生精力献给家乡农业发展之路并不是一条鸟语花香的林荫道，除了资金困扰这个拦路虎外，遗产地紫鹊界梯田的蓑衣丘、斗笠丘和高坡度的自然环境注定了在当今技术条件下不可能采用机械化生产、插田、收割等，主要的高强度劳动只能靠传统方式完成。尽管公司最大限度地向农户让利，但粮农的收入增长几乎连年"原地踏步"，公司效益也总是在本大利微的道路上徘徊。

遗产地紫鹊界因世界独一无二的气候环境，生产出世界独一无二的天然弱碱性米，以无有机磷农药残留、无防腐剂、无生产调节剂、非转基因等，深受消费者欢迎。经权威机构检测，梯米富含淀粉、蛋白质、脂肪、纤维素、多种维生素和铁、钙、锌、硒等多种矿物质，并且氨基酸含量丰富，微量元素含量比普通大米高 5～200 倍，水溶性灰分酸度+0.082（普通大米水溶性灰分酸度−6.37），能帮助人们在日常生活中控制体内的酸碱度，增强体质。

### 不断提高科技文化素质

经过 10 年的艰苦创业和努力拼搏，邹碧波拯救了老祖宗遗留下的老品种米（紫鹊界贡米），创建一个品牌（梯米），壮大一个产业（特色稻产业），致富一方百姓，带活一方经济。但邹碧波并不满足现状，2015 年她参加农业部组织的农村实用人才培训、新化县农广校新型职业农民课程培训学习；2016年参加浙江大学总裁班学习，并在湖南省农业委员会推荐下赴台湾学习农业管理营销模式；2018年赴山东参加全国新型职业农民代表第一届论坛会。她系统地学习了农业企业创办的基础知识、农产品营销基本知识与技巧、现代信息技术应用，深入了解了土地流转、生产扶持、金融信贷、农业保险、社会保障等政策，并到外地实地考察，学习特色农业发展经营的先进经验。她应用所学知识与当前实际相结合，调整公司发展思路，多次与农户探讨，为农户摸索出一条脱贫致富的道路。农户以土地入股分红，与公司签订收购合同，公司免费提供种子、肥料、生物农药，进行技术指导，农户只需要投入家畜肥料和劳动力，无其他资金投入。这种模式下，农户年均增收达11200元以上。在邹碧波的带领下通过产业化发展，有效带动了地方经济，促进了农户以产业致富。

如今，邹碧波女士有了更大的"野心"，她计划在原有10800亩基础上每年扩大种植面积2000亩以上，年带动遗产地2000个贫困户以土地入股分红的形式脱贫。公司要为遗产地贫困户提供种子、肥料、生物农药，抓好水利灌溉设施建设，新修和整修灌溉渠道10000米，并抓好12000亩田埂维护，预计投入4180万元。

作为女人，邹碧波的人生因拼搏而美丽。

## 十五、今日之拼搏，明日之辉煌
### ——记湖南省双峰县新型职业农民王义定

王义定，男，37岁，高中学历，双峰县秋塘村支部书记，第十三届双峰县人大代表。2017 年王义定同志立足支部书记岗位，认真学习和落实市委"四个意见"，以党建促脱贫促发展，通过加强支部班子建设，强化支部党员队伍管理，完善村级基础设施，自己带头创办农业特色公司，调整农业产业结构，联合和带动贫困户发展致富，做到了既是党组织的带头人，又是脱贫致富的带头人。

加强班子建设，形成合力推进

为深入推进脱贫攻坚工作，王义定先从加强支部班子建设入手，定期组织开展"三会一课"活动，并结合"两学一做"学习教育制度化、常态化，加强党风廉政建设及"四个意见"的实施等，邀请县、镇领导及专家多次来村开展讲座和培训，并将政策宣传到田头、山头、地头，使全村党员和百姓都增强了学习的主动性、自觉性，更明白了相关的政策及科技知识，增强了理论水平，提高了致富的能力。同时，他诚心邀请村民为本村的经济发展出谋划策，对无职党员进行分类定岗定责，充分调动无职党员的积极性，使人人有责任，个个有事做，为全村的脱贫攻坚工作及相关工作的顺利开展打下了坚实的基础。

调整产业结构，发展特色产业

王志勇专家说过这样一句话："农业要么做老大，要么做唯一。"这话对王义定同志有非常深的启迪。

经过考察市场，王义定发现在家乡娄底"虾稻连作"这一经济效益非常可观的项目尚属空白。"虾稻连作"模式是将稻田单一的农业种植模式提升为立体生态的种养结合模式，是提高稻田单位面积效益的一种生产方式，可以充分利用稻田的浅水环境和冬闲期。若专门饲养小龙虾，既要修建养殖池，又要浪费大量的水资源。搞稻田套养小龙虾，除了增收外，小龙虾通过吃掉田中的杂草后排的粪便还起到了增加肥料的效果。节水生态，实现水稻和小龙虾双丰收，只要技术管理到位，每亩可产小龙虾200~300斤，单小龙虾亩收入就可达近5000元。

看准这个项目之后，王义定考察了外地几个做得非常成功的"虾稻连作"基地，学习了他们的先进经验，同时自己查找资料，补充了相关方面的知识，并成立了"鑫盛种养农民专业合作社"。如今，他的稻田养虾项目，不仅打造了娄底市首个"虾稻连做"基地，大大增加了农户、合作社的经济收入，而且成功开发出生态虾稻这一独特的龙头产品。500多亩稻虾基地，产品供不应求，一举占领了娄底、邵阳、湘潭、长沙等地的夜宵市场。下一步，合作社还将扩大稻虾养殖规模，将其做成一个更大的产业。

在水稻种植方面，王义定确定了"调整结构、打富硒牌、走特色路"的发展思路。通过了解，他发现富硒农产品是今后的发展方向，因而在稻谷种植这一块，主推富硒水稻。富硒水稻，除留存了普通水稻的全部营养成分，还具有抗癌、防癌、保护心脏和延缓衰老、抗氧化、提高人体免疫力等多种特殊保健功能。我国有7亿人口生活在缺硒地带，巨大的市场需求和稀缺的资源，奠定了富硒产品"大牌"身价。

完善基础设施，促进共同致富

在大力推进产业发展的同时，完善好村级基础设施。一是亮化工程，王义定积极发动创业成功人士捐资修建路灯，通过多方努力和争取，已为村上成功点亮142盏路灯，村上亮了，群众心里乐了。二是增宽主干道，面对村里交通不便、道路基础设施落后、群众出行不便的情况，王义定积极多方筹资，将500米的狭窄主干道拓宽，让村民享受更便利的生活。三是筹资征地，建设村级综合服务平台。

身为村支部书记、县人大代表、优秀党员的王义定，投身现代农业的开发，一种浓厚的乡土情结在支撑他一路前行，他带领全村25户贫困户种植青蒿、养殖小龙虾，使他们年收入每人增收500元。近几年来，他还一直积极组织群众开展农业发展，多次慷慨解囊无私奉献，还对一些贫困户进行一对一帮扶，帮助村里及周边100多户建账立卡贫困户脱贫致富，共计增收20余万元。

走马街镇秋塘村残疾农民彭贵喜，家庭出现变故，妻子抛下他和一对年幼的儿女远走高飞了，家里沉重的经济负担，压得他透不过气来，人生失去了方向，走在了自暴自弃的边缘。王义定了解到彭贵喜的情况后，心情非常沉重，决定对他伸出援手予以帮扶。他知道，"授人以鱼，不如授人以渔"，他根据彭贵喜的实际情况，建议彭贵喜加入农民合作社，扎根农村，发展特色养殖。彭贵喜家周边，有大片的山林，还有池塘，发展山地养鸡具有得天独厚的条件。在王义定的大力帮扶下，彭贵喜的养鸡场开办起来了，口感纯正、生态环保的山地鸡非常受消费者欢迎。如今，彭贵喜增强了进一步扩大养殖规模的信心。

风正一帆悬！如今，王义定的农民合作社，在娄底市、双峰县和走马街镇各级领导的指导与帮扶下，在合作社所有股东及社员的通力合作下，所有项目正在有条不紊地稳步推进。假以时日，合作社必将在双峰这片土地上铺出一个既有青山绿水，又有金山银山的美丽画卷！

# 参考文献

[1]吴易雄.新型职业农民培养的基本问题[J].继续教育研究,2016
(1):40-43.

[2]赵帮宏,张亮,张润清.我国新型农民培训模式研究[M].北京:光明日
报出版社,2011:12.

[3]彭飞龙,陆建锋,刘柱杰.新型职业农民素养标准与培养机制[M].杭
州:浙江大学出版社,2015:3.

[4]庄西真.从农民到新型职业农民[J].职教论坛,2015(10):26.

[5]吴易雄.新型职业农民培养机制体制建设的研究[J].中国职业技术教
育,2014(36):47-51.

[6]江娜.让乡土能人成为新农村建设领头雁[N].农民日报,2012-10-31
(01).

[7]吴易雄.城镇化进程中"五位一体"的新型职业农民培养体系构建与实践
[M].长沙:中南大学出版社,2017.

[8]农业农村部科技教育司,中央农业广播电视学校.2017年全国新型职业
农民发展报告[M].北京:中国农业出版社,2018.

# 后 记

　　我的父亲姓吴，我的母亲姓易，我在家排行第三，前面两个是姐姐，后面一个是弟弟。在动物界，母的叫"雌"，公的叫"雄"。当 1976 年 12 月 13 日(日期为农历)母亲生下我后，父母亲万分欣喜，我家孩子性别就由"雌"转为"雄"了，于是将我取名为吴易雄，这是我名字的表层含义。当然，父母亲给我取这个名字还有更深层次的含义，那就是希望我成为吴家和易家的英雄。

　　弗里德里希·尼采在《善恶的彼岸》一书中写道："凡不能毁灭我的，必使我强大。"我出生于湖南省新化县曹家镇玉溪村一个极端贫困的农民家庭，在这样的家庭生活和成长，从小开始我就很懂事，几乎所有的事我都是看在眼里记在心里，至今我都清楚地记得小时候在农村发生在我父母身上和在我身上的许多点滴事情。即使国家给村里发放了扶贫救济的衣物，但都是最后选剩了才轮到我家，在我参加工作前，我没有穿过一件新衣服，都是穿别人送的旧衣服。旧衣服是我奶奶进行缝补，我缝补衣服的技术就是从奶奶那里学的，现在我也是缝补衣服的一把好手。

　　因种种原因，父亲只有小学六年级文化，二十世纪六七十年代当过村里的会计，村里的稻田和土地面积父亲全都清楚记得，他做的会计账户工工整整、干干净净,钢笔字写得特别好看;母亲只有小学四年级文化,做事效率特高,心算能力特强,语言表达能力很强,应当是我村能说会道的第一人,妈妈的父母早逝,与我舅舅相依为命长大。

父母亲都因家庭处境不好,均没有学过手艺,只能面朝黄土背朝天地一年三百六十五天在田里辛苦劳作。特别是父亲,常年的重体力活压在他的身上,他的背早早地被压成了佝偻的背,但父亲仍然挑起家里的重担,村民们都认为我父亲是村里最苦最累的人,吃差的菜,干重的活,为了孩子成长呕心沥血。

当年,我家的全部经济来源和开销全靠父母种植农作物和养殖畜禽出卖勉强维持,一年下来全家的收入只有 3000 元,但支出大于收入。因为没有人能帮助我家,去金融机构也借不到钱,所以欠账赊账是经常有的事,但父母亲都很有诚信,所有的欠账赊账会全部还清。

父亲是个老实又勤劳的男人,对我母亲特别地关爱,在我的记忆里,父母从没吵过架。母亲是个特别贤惠、十分达理的女人,很会教育子女,从不打骂我们,有时间她会阅读《教子有方》等书籍和报纸。父母亲希望我们多读书、读好书,哪怕砸锅卖铁、不吃不喝都会供我们学习,常常教育我们"向童第周学习,一定要争气""苦三年,玩一世;玩三年,苦一世""万般皆下品,唯有读书高"等十分有教育意义的语言。这些金玉良言对我们的影响一直很大,一直激励着我们好好学习、好好工作、好好做人。由于我父母对教育的高度重视,在一个极端穷苦的农民家庭,竟然培养出了三个大学生,这让很多乡亲都感到特别意外。

因为获得农业收入的时间与每次开学需交学费的时间不能同

步，所以每次在小学和初中开学季我们都交不起学费，无奈只能等到期中考试那段时间获得农业收入交清学费后才能领到新书。虽然没有新书，但我在上课的时候非常认真地听老师们讲课，心里一直在鼓励自己好好地把学习成绩搞上去，一定要超过那些有新书的同学。我的自信也是从小学开始树立起来的，面对贫困一定要战胜它，有知难而上的信念，学习成绩一直保持名列前茅，1989 年 6 月小学升初中，我居然考了全乡第一名。

进入初中一年级，我更加坚定地要奋发图强，靠读书来改变我家的命运在我幼小的心灵里根深蒂固、雷打不动。一分辛苦一分收获，初中一年级、二年级我的成绩一直稳居前列，班主任卢家乐先生赠予我一首鼓励的诗："学习扎实很用功，名列全班第一名，继续奋斗两年半，考取中专耀门庭。"但命运好像在有意捉弄我，初中三年级，我突然患了一个致命的皮肤病——缠腰丹，这种病是长期在山上干农活、放牛，摔跤没穿衣服所致。一天凌晨三点，我痛得在床上直打滚，父亲背着一米六四的我徒步走过一座又一座黑暗凄凉的山坡去邻村求医治病，幸好遇见好心的从部队军医转业回乡村当老师的吴金生医师及其爱人，他们连忙开门免费给我诊断，当即就敷上草药，我的病情得到了明显控制。吴金生医师告诉我，幸好我来得及时，只差一厘米，若是病毒把整个腰部缠上了，就没有救了。这是我有生以来患的一种最严重的疾病，后来又因为长疖子，痛得不能坐下来，所以，初中三年级就在治疗各种病痛中度过，很少上课和复习，学习成绩每况愈下。

初中三年级是我人生中最大的转折点之一，我因患病与中专和重点高中失之交臂，但我没有灰心丧气，我心里的想法有两种：要么复读一年，要么就直接读普通高中。幸运的是，当时我国中等、高等职业教育开始兴起，我叔叔得知，我县一所办在乡里的农业职业高中来我当时就读的初中招生，于是将这个消息通过父母告诉我。读职高有两条路可走：一条是对口升学考本科，另一条是学成回家办养殖场。我想选择以考大学为主，以办养殖场为辅，所以义无反顾地同意去读职高，选择了养殖专业。

进入职高，我与同学和老师相处融洽，除了第一学期，后面每次考试都是班上第一名，尤其是数学。我的班主任郑能友老师是我的数学老师，每次考完数学就会先把我的数学试卷批改完，然后再由我批改其他同学的数学试卷。食堂的叔叔阿姨也对我关爱有加，每次都给我打很多饭菜，他们说："你是未来的大学生，一定要吃好才能有精力学习。"这让我万分感动。

1995 年 7 月，我以娄底地区养殖专业第一名的高考成绩 606 分被湖南农业大学录取，至此，我成了我村历史上第一个大学生。1995 年 9 月，我第一次离开家乡去省城求学，这犹如放飞了笼中之鸟。第一次看到了火车和城里繁华的景象，第一次去走访城里的亲戚，发现城里的事我没见过、城里的活我没干过，连煤气灶都不知道如何打开。随着时间的推移，有了大学生活，我慢慢地适应了城市生活。

进入大学的第一天，我就立下了"宏伟目标"，那就是大学毕业当年以第一名成绩应届考上公费硕士研究生。因此，我比读职高时更加勤奋和努力。但职高只开设了语文、数学和三门专业课程，物理、化学、政治这三门专业课又只接触了很浅显的知识，英语、历史、地理三门课程是完全没有学过的。可想而知，与读普高考上的大学生相比，我的文化课基础要差很远，尤其英语更是一张白纸。于是，我从姐姐和弟弟那拿来初中和高中的英语书，开始做好打赢英语这场"持久战"和"攻坚战"的准备。大学四年，我复习完初中三年的英语书，自学完高中三年的英语书，学习完大学四年的英语书。英语词汇量、语法、阅读、写作等我都学会了，但英语口语和听力还是比较弱。

大学四年，我没有进过舞厅、歌厅、游戏室、电影院，没有打过牌，没有看过录像，寒暑假甚至春节都在学校值守和学习，一心扑在搞好学习和当好学生干部上。通过四年的热血奋战，我的英语成绩和专业成绩都名列全班第一名，多次获得奖学金和优秀学生干部称号，1999 年 3 月实现了进大学时立下的"宏伟目标"，是这个班至今唯一一个考上硕士研究生的。

硕士研究生期间，师从全国著名动物遗传育种与繁殖专业学术大咖柳小春教授。在导师的指导下，我潜心在实验室做研究，专心取得研究成果，三年时间我公开发表了系列学术论文。2002 年 6 月，我圆满完成了硕士学业。也是在这一年，经过层层选拔，我一边被广东省农业科学院畜牧研究所录用，一边成为湖南省第一批公开面向社会招考的公务员。在再三权衡下，我最终选择了在湖南省农业厅当公务员。在当公务员期间，我利用三分之一的时间做好管理工作，利用三分之二的时间做好研究工作，管理和研究工作都做得有声有色。

2006 年 6 月，我均以第一名的成绩考取了中国科学院和中南大学的公费博士研究生。考虑到我今后的发展，我选择了师从中南大学著名社会医学与卫生事业管理专业的学术大咖、副校长田勇泉教授，攻读管理学博士学位。在导师的指导下，在我入读博士研究生前就和导师商定了博士学位论文的选题。同年 9 月，从博士研究生开学之日起，我就特别珍惜时间，一边上好博士课程，一边开展调研、查阅文献、参加学术研讨、向同行请教。截至 2008 年 5 月，我用了一年零八个月时间超额完成了博士研究生培养方案的全部任务，取得了系列学术成果，博士学位论文经北京大学、复旦大学、四川大学、浙江大学、华中科技大学五位专家盲评，获得三个优秀和两个良好的成绩，圆满完成了博士学业。同年 8 月，经考核，我被中国人民大学录用为公共管理博士后，导师为著名公共管理学科的学术大咖、院长董克用教授。但因中国人民大学要求全脱产做博士后，需要调动人事档案，鉴于家庭和工作的原因，2009 年 2 月，我主动提出退站，得到了批准。接下来，我被湖南大学录用为应用经济学博士后，导师为著名应用经济学学科的学术大咖廖进中教授，两年后我圆满完成了在站期间的科研任务而顺利出站。

2010 年 6 月，受中共湖南省委组织部选派，我和其他省直单位的公务员共 7 人被安排到湖南省武冈市挂职锻炼，由我担任队长。一年下来，我的做法和成效得到了基层领导和群众的首肯，受到了多家媒体的采访报道，中共湖南省委组织部让我两次在湖南省挂职锻炼干部会议上做典型发言。2011 年 6 月，我的挂职时间已满，本应回湖南省农业厅工作，但正值湖南省武冈市"村两委"换届期，我被该市湾头桥镇泻油村党员全票选为村党支部第一书记，这一当选就是两届。我任职的六年里，村上发生了明显变化，正如媒体所报道的："博士后当村干部，让穷村发展至少提前十年。"这种评价对我是莫大的鼓舞和鞭策。

2012 年 9 月，湖南省农业厅破格提拔我任副处级领导职务，安排在其下属的湖南生物机电职业技术学院任职。我做梦也没想到组织会安排我进高职院校任职，但我作为一名中共党员一定无条件地服从组织安排。2013年10月，经过湖南省教育科学研究院和湖南师范大学考核，我被其录用为教育学博士后，导师为著名教育学学科的学术大咖、湖南省教育厅党组成员、纪检组长周德义教授和湖南师范大学刘旭教授。同年12月，经过同行专家严格评审，我被晋升为正高级职称，时年36岁。这些成绩，是我一直以来在工作和学习中有心积累科研成果的结果。2016年11月，我以优异的学术成绩获得教育学博士后出站。

本书《新型职业农民精准培养论》是延续我2016年11月完成的教育学博士后成果，在湖南省哲学社会科学基金项目（16YBA142）资助下，通过进一步深度调研而成的成果，是一部理论与实践紧密结合的著作。在此，特别感谢各位专家和领导的辛苦付出和倾力支持。

本书在完成过程中，得到了我的博士后合作导师周德义教授和刘旭教授的悉心指导，使博士后研究成果得以顺利完成。周德义教授的为学、为人、为事堪称楷模，不断激励我在人生的道路上前行；刘旭教授的学术造诣深厚，不断激励我在学术的殿堂里探索。在此一并致以深深地感谢。

在本书的研究期间，张放平教授、王柯敏教授、石灯明院长、赵雄辉研究员、刘旭教授、姜正国教授、汤大莎研究员、盛正发教授等专家、领导及我的博士后同仁和中国博士后科学基金会、中共湖南省委宣传部、湖南省教育科学研究院、湖南师范大学、湖南省人力资源和社会保障厅给予我大力支持，使我较好地完成了本书的研究任务，获得了丰硕的科研成果。如主持立项国家社会科学基金教育学项目、中国博士后科学基金特别资助项目等，

尤其是作为全国 100 名博士后之一被中国博士后科学基金会编入
《2016 年度中国博士后科学基金资助者选介》。这是中国博士后
科学基金会对我在博士后研究期间取得的科研成果的高度肯定。
在此一并致以诚挚地感谢。

我由衷地感谢父母亲的养育之恩。虽然父亲是一位地道的农
民，但他和同是农民的母亲一道勤劳朴实、苦心苦力养家糊口，
常年教育和激励我努力学习、勤奋工作，我为有这么好的父母而
感到无比自豪。无论是在学习还是工作阶段，我都牢记父母的嘱
托，做一个对社会有用的知识分子。2015 年父亲在重病期间仍然
牵挂着我的教育学博士后研究情况和事业发展状况。不幸的是，
公历 2015 年 12 月 1 日，是一个让我终生难忘的日子，享年 76 岁
的父亲辞世。我化悲痛为力量，铭记父亲生前给我的净言，不忘
初心，砥砺前行，付诸实践，好好孝敬在世的母亲，让母亲安度
晚年，让父亲九泉之下得以安息。

尽管我已从湖南省教育科学研究院博士后科研工作站出站好
多年了，但湖南省教育科学研究院领导高度重视博士后成果的转
化与应用，多次邀请同行评议专家对博士后成果进行评审和指
导，我的博士后成果从众多博士后成果中脱颖而出，获得湖南省
教育科学研究院首批博士后成果文库资助出版。在此表示万分地
感谢。

本书在论述过程中，除吸纳著者多年来的研究成果外，还参
考和引用同行专家的著述，同时得到农业农村部门的大力支持。
在此一并致以衷心地感谢。

本书在出版过程中，我深深感谢中南大学出版社领导、责任
编辑汪采知和其他审稿编辑对本书的艰辛付出，以及其他有关领

导和老师对我的关心帮助。

由于著者水平有限，书中论述和注释难免有不妥之处，敬请专家、学者和读者批评指正。

吴易雄

2021 年 5 月 2 日

**图书在版编目(CIP)数据**

新型职业农民精准培养论／吴易雄著. —长沙：
中南大学出版社，2021.7
(湖南省教育科学研究院博士后文库)
ISBN 978-7-5487-4406-1

Ⅰ. ①新… Ⅱ. ①吴… Ⅲ. ①农民教育－职业教育－
研究－中国 Ⅳ. ①G725

中国版本图书馆 CIP 数据核字〔2021〕第 071892 号

# 新型职业农民精准培养论
**XINXING ZHIYE NONGMIN JINGZHUN PEIYANG LUN**

吴易雄　著

□责任编辑　汪采知
□责任印制　唐　曦
□出版发行　中南大学出版社

　　　　　　社址：长沙市麓山南路　　　　邮编：410083
　　　　　　发行科电话：0731-88876770　　传真：0731-88710482
□印　　装　北京虎彩文化传播有限公司

□开　　本　880 mm×1230 mm 1/32　□印张 5.25　□字数 119 千字
□版　　次　2021 年 7 月第 1 版　□2021 年 7 月第 1 次印刷
□书　　号　ISBN 978-7-5487-4406-1
□定　　价　38.00 元